Diana Domann

Unerwünscht – erniedrigt – aufgerichtet
Du sollst leben!

Diana Domann

Unerwünscht – erniedrigt – aufgerichtet:

Du sollst leben!

ELPIDA Verlag

Copyright © 2022 ELPIDA Verlag, Rodewisch
www.elpida-verlag.de
info@elpida-verlag.de

1. Auflage 2022

Lektorat: Gabriele Pässler, Görwihl (www.g-paessler.de)
Korrektorat: Doreen Themel, Rodewisch
Einband: Joachim Themel, Rodewisch (www.joachimthemel.de)
Satz: Damaris Pippig, Rodewisch (www.elpida-verlag.de)
Druck: DRUCKMAXX.de – Ihre Onlinedruckerei von Christen
Familie Diebl & M. Wolff, Weinheim (www.druckmaxx.de)
Schmetterling auf Einband: Adobe Stock 333396800 Lizensiert
(watercolor drawing – butterfly made of blots and splashes von Toshka)
Sonstige Grafiken: www.pixabay.com

Die Ereignisse in diesem Buch habe ich so geschildert, wie ich sie erlebt und in
Erinnerung habe. Alle Namen sind frei erfunden, ausgenommen der meine und
der meines Ehemannes. Diana Domann

ISBN: 978-3-9822341-3-7

Widmung

Dieses Buch widme ich Jesus Christus, meinem wunderbaren Herrn und Gott. Ohne ihn gäbe es mich nicht mehr noch gäbe es meine Geschichte.

Möge er dieses Buch all jenen in die Hand geben, die Ermutigung und neue Hoffnung brauchen. Sie sollen wissen: Egal wie ihr Leben bisher verlaufen ist, wie schmerzhaft es auch war oder noch ist, egal, wie sehr sie verletzt wurden, wie kaputt und schmutzig sie sich fühlen mögen: Es gibt einen Neuanfang und eine Zukunft.

Möge dieses Buch jedem Leser mit verwundetem Herzen, jedem, der sich nach Heilung und Ganzsein sehnt, die Hoffnung geben, die er jetzt gerade braucht, und die Liebe vermitteln, nach der ihn hungert.

DENN ICH WEISS, WAS FÜR GEDANKEN ICH ÜBER EUCH HABE,

SPRICHT DER HERR,

GEDANKEN DES FRIEDENS UND NICHT DES UNHEILS,

UM EUCH EINE ZUKUNFT UND EINE HOFFNUNG ZU GEBEN.

JER. 29, 11

„*Leben ist nicht genug,*"
sagte der Schmetterling,
„*Sonnenschein, Freiheit und eine kleine Blume*
muss man auch haben!"

Hans Christian Andersen

INHALT

„ZUM GLÜCK WAR ICH DER ERSTE"

Vor über zwanzig Jahren hatte ich die Ehre, diese wunderbare Frau kennenzulernen. Von ihrer reichhaltigen und tiefen Vergangenheit wusste ich noch nichts, hatte aber eine Wahrnehmung: „Das ist eine Prinzessin!" Wo andere nur geredet haben, ist sie am Ende des Kriegs in den Kosovo geflogen, um zu missionieren; wenn andere nur gedacht haben, hat sie sich vorne hingestellt und hatte etwas zu sagen. Haltung mit Körperhaltung, Ausstrahlung mit Schönheit – das war mein erster Eindruck. Daraufhin begann ich mich für sie zu interessieren.

Zum Glück war ich der Erste, der das alles bemerkt hat! Unter einer Weinlaube in Südtirol bekam ich dann die ganze Lebensgeschichte erzählt. Erst musste ich schlucken, aber dann habe ich sie geküsst; ein Jahr später haben wir geheiratet. Inzwischen hatte ich auch erfahren, dass das mit der „Prinzessin" für sie ein Schlüsselwort war.

Dieses Buch zeigt eindrücklich, wie die aufgesetzte Kruste irgendwann doch bröckeln kann und muss und dann die eigentlich vorgesehene Gestalt die Oberhand gewinnt und das Leben erstrahlen lässt. Manchmal werden noch Backsteine sichtbar und mir fallen Tonscherben auf die Füße. Aber die Prinzessin ist definitiv da. Und sie wird bleiben.

Andreas Domann

Hindernislauf mit Rückenwind:
Mein Vorwort

Schon länger lag es mir am Herzen, meine Lebensgeschichte aufzuschreiben; oft wurde mir gesagt, damit könnte ich viele Menschen ermutigen, die Ähnliches erlebt hätten.

Erzählt hatte ich sie ja schon oft auf vielerlei Veranstaltungen; aber schreiben – dazu fand ich nie einen Anfang; warum, das konnte ich nicht ergründen. An Ermutigung und Bestätigung fehlte es nicht, trotzdem schob ich es immer wieder vor mir her.

Direkt vor dem ersten Corona-Lockdown, im März 2020, sprach ich auf einer Veranstaltung von „Christen im Beruf"; an jenem Abend wurde ich gleich doppelt ermutigt, meine Geschichte aufzuschreiben und als Buch zu veröffentlichen.

Zunächst fragte mich der Leiter des Abends, ob ich schon mal daran gedacht hätte; zudem lernte ich eine Lektorin kennen, die mit solchen Vorhaben Erfahrung hatte und mir, sollte ich aus meinem Erleben ein Buch machen wollen, gleich ihre Unterstützung anbot.

Beides gab mir Rückenwind; also nahm ich mir jetzt fest vor, meine Erlebnisse zu Papier zu bringen. Aber auch dieses Mal fand ich keinen Anfang; sobald ich mich zum Schreiben hinsetzen wollte, lachte der Garten mich an und der Besen, der Kochtopf, das Bügeleisen und die Fensterscheiben, oder ich hatte andere Termine und Einladungen.

Der Sommer verging, der Garten war abgeräumt – und mir wurde klar: Ich muss weg, am besten fahre ich für ein Vierteljahr nach Südtirol, dort kenne ich ein wunderschönes Plätzchen. Seit vielen Jahren verbringen mein Mann und ich samt Hund eine Urlaubswoche bei Meran, diese Ferienwohnung miete ich jetzt für ein Vierteljahr und dann kann ich mich voll und ganz dem Schreiben widmen.

Für diese drei Monate suchte ich mir eine Jahreszeit aus, in der ich in Haus und Garten entbehrlich sein würde, ich legte alle meine Dienste nieder und freute mich riesig darauf! Meinem geliebten Südtirol fieberte ich geradezu entgegen: je näher es kam, umso größer die Vorfreude – doch dann schloss sich die ersehnte Tür. Welche Enttäuschung!

Am nächsten Morgen war ich wie jeden Tag mit meinem Hund im Wald. Unterwegs schüttete ich vor meinem Herrn das Herz aus, die Tränen liefen, Schmerz und Enttäuschung brachen sich Bahn. Ich legte ihm alles hin, auch die Frustration darüber, dass ich es bisher nicht geschafft hatte, meine Geschichte aufzuschreiben, trotz so vieler Hinweise und Ermutigungen – einfach alles. Dazu gehörten auch die Zweifel, die immer kamen, wenn ich mich zum Schreiben hinsetzen wollte: „Wer will denn das schon lesen? Es gibt viel interessantere Menschen als mich! Was habe ich überhaupt zu sagen?!", auch diese Gedanken legte ich ihm hin.

SO DEMÜTIGT EUCH NUN UNTER DIE GEWALTIGE HAND GOTTES,
DAMIT ER EUCH ERHÖHE ZU SEINER ZEIT!
ALLE EURE SORGE WERFT AUF IHN; DENN ER SORGT FÜR EUCH.
1. PETRUS 5,6–7

Irgendwann war alles ausgeschüttet. Ich war leer, aber wieder ruhig, und auch Klarheit kam – Gott zeigte mir, warum ich bisher nicht mit dem Schreiben beginnen konnte:

Zum einen will der Feind verhindern, dass wir – also auch meine zukünftigen Leser – ermutigt werden, heil und gestärkt unseren Weg gehen und unseren Blick auf unseren Herrn richten sowie auf das, was er tun kann. Der Widersacher will, dass wir weiter auf uns selbst schauen, auf unser Versagen, unsere Ängste und Befürchtungen, und in unserer Vergangenheit gefangen bleiben. Aber Gott will, dass wir frei werden, und dazu gebraucht er auch das, was Mitchristen erlebt haben:

> Ihr werdet die Wahrheit erkennen,
> und die Wahrheit wird euch befreien!
> Johannes 8,32 nlb

Zum anderen war ich gefangen in Menschenfurcht, in der Angst, welche Reaktionen ich abkriegen könnte, der Furcht vor Angeklagt- und Abgelehntwerden. Aber Gott ermutigte mich durch sein Wort:

> Man muss Gott mehr gehorchen
> als den Menschen!
> Apostelgeschichte 5,29

Dieser Furcht musste ich mich stellen und einfach anfangen, um von ihr frei zu werden. Wir alle sind ja Gottes wunderbare Geschöpfe und als solche zur Freiheit berufen, auch ich und du.

Die Tür nach Südtirol war und blieb verschlossen, aber Gott erinnerte mich: Die drei freigeräumten Monate hast du immer noch.

Also bat ich ihn: „Herr, zeige mir, wie ich nun hier zu Hause schreiben kann. Wie könnte das aussehen?" Und er gab mir eine Strategie: Ich solle jede Woche zehn bis zwölf Stunden schreiben (wann im Einzelnen, das könne ich frei entscheiden), eine Liste anlegen und mir die Zeit notieren, in der ich am Schreiben sitze.

Die Strategie funktionierte tatsächlich, ich führte eine Strichliste und war hoch motiviert. Jeder neue Strich auf meiner Liste beflügelte mich und so brachte ich in diesem Vierteljahr voller Freude meine Geschichte zu Papier, naja, auf die Festplatte.

Ein anderer wichtiger Schlüssel zur Freiheit heißt „Vergebung", das habe ich seit Jahrzehnten durchexerziert: Allen Personen, die in diesem Buch vorkommen, habe ich vergeben.

Es ist in keinster Weise meine Absicht, irgendjemanden anzuklagen, zu verurteilen oder schuldig zu sprechen; auch ist mir wohl bewusst, dass sie alle aufgrund ihrer eigenen Geschichte und ihrer eigenen Wunden so gehandelt haben.

Ich habe ihnen vergeben, das heißt: sie in Gottes Hand übergeben. Ich bin frei von ihnen und trage niemandem etwas nach; und Gott heilt nicht nur emotionale und körperliche Wunden, er heilt auch die Erinnerung – es tut nicht mehr weh. Dabei habe ich versucht, alles so zu schreiben, wie ich es empfunden hatte.

Natürlich deckt sich das nicht immer mit den Meinungen und dem Erleben anderer Menschen. Zum Schutz der geschilderten Personen sind alle Namen frei erfunden, außer dem meinen und dem meines jetzigen Mannes.

Meine ganze Biografie ist eigentlich eine Heilungsgeschichte. Bei „Heilung" denken wir oft nur an unsere körperlichen großen und kleinen Wehwehchen; aber wenn Gott, unser Schöpfer, von Heilung spricht, meint er ganzheitliche Heilung, Heilung an Geist, Seele und Leib. Das hängt ja alles zusammen: Wenn die Seele leidet, krank und verletzt ist, äußert sich das irgendwann durch körperliche Symptome – und wenn der Körper lange schmerzt und nicht richtig funktioniert, wird man mürbe, vielleicht sogar bitter, entmutigt und verliert alle Freude und Hoffnung.

Gott ist nicht nur unser Schöpfer – er hat uns einzigartig und wunderbar gemacht –, nein, er ist auch der HERR, der mich heilt, der HERR, mein Arzt:

> LOBE DEN HERRN, MEINE SEELE,
> UND ALLES, WAS IN MIR IST, SEINEN HEILIGEN NAMEN!
> LOBE DEN HERRN, MEINE SEELE,
> UND VERGISS NICHT, WAS ER DIR GUTES GETAN HAT!
> DER DIR ALLE DEINE SÜNDEN VERGIBT
> UND HEILT ALLE DEINE GEBRECHEN;
> DER DEIN LEBEN VOM VERDERBEN ERLÖST,
> DER DICH KRÖNT MIT GNADE UND BARMHERZIGKEIT;
> DER DEIN ALTER MIT GUTEM SÄTTIGT,
> DASS DU WIEDER JUNG WIRST WIE EIN ADLER.
> PSALM 103,1–5

So lass dich mit hineinnehmen in meine Geschichte und Erlebnisse. Ich bete darum, dass du nicht nur ermutigt wirst, sondern auch die Kraft findest, deine eigenen Schritte zu gehen, um heil zu werden an Geist, Seele und Leib.

Ich wünsche mir, dass du in Gott den besten Arzt und Therapeuten kennenlernst, den es gibt – vielleicht überhaupt zum ersten Mal oder noch besser und tiefer als bisher. Gott sagt, und das möchte ich dir zusprechen:

SEI STARK UND MUTIG! HAB KEINE ANGST

UND LASS DICH NICHT VON IHNEN EINSCHÜCHTERN!

(NICHT VON DEINER SITUATION UND DEN UMSTÄNDEN,

WEDER VON MENSCHEN NOCH VON EIGENEN GEDANKEN)

DER HERR, DEIN GOTT, GEHT MIT DIR!

ER HÄLT IMMER ZU DIR UND LÄSST DICH NICHT IM STICH!

5. MOSE 3,16 HFA

Gott liegt viel daran, viel mehr, als wir denken, dass wir heil werden und als die Menschen leben, zu denen er uns geschaffen hat: als bedingungslos geliebte Kinder, als Königskinder, gesegnet mit Frieden und Freude.

Er möchte uns helfen und uns befreien, uns aufrichten und erfülltes Leben schenken. Dieses Geschenk gilt es zu ergreifen, auszupacken und zu genießen.

Fang gleich heute damit an, er ruft auch dich:

KOMMT ALLE HER ZU MIR, DIE IHR EUCH ABMÜHT

UND UNTER EURER LAST LEIDET!

ICH WERDE EUCH RUHE GEBEN.

MATTHÄUS 11,28 HFA

KINDHEIT UND JUGEND

„DU BIST SCHULD!"

Es war ein schöner und sonniger Tag. Mit meinen Freunden tollte ich auf dem Spielplatz herum, wir hatten Spaß miteinander und lachten laut und ausgelassen – einer der wenigen glücklichen Momente in meiner Kindheit, der mich eine kleine Weile vergessen ließ.

Da öffnet sich das Fenster unseres Dorfschullehrers im Haus nebenan. Freundlich lachend und unüberhörbar ruft er: „Diana, so möchte ich dich morgen in der Schule erleben!"

Meine Kindheit und Jugend war geprägt von Ablehnung und Leid – in vielerlei Hinsicht: Zunächst war ich ein uneheliches Kind. Anfang der 1960er-Jahre hieß das automatisch „ungeplant, ungewollt, unerwünscht", meine Mutter wollte mich abtreiben (was damals noch streng verboten und strafbewehrt war).

Aber da es mich nun mal gab, hatte ich als Sündenbock zu dienen für alles, was im Leben meiner Mutter nicht funktionierte: Ich war schuld, einfach, weil ich da war. Meinetwegen hatte sie keine Ausbildung machen können, meinetwegen dies und meinetwegen das.

Sicher war es für meine Mutter eine sehr schwierige Situation, zumal sie selbst unter 21 und damit noch nicht volljährig war – und, viel schlimmer: Sie hatte keinen Mann.

Damals war es eine Schande, schwanger zu sein und nicht verheiratet. Auch ich wurde in der Schule deshalb oft schikaniert, andere Kinder riefen mir „Bastard" hinterher.

Umso wichtiger war es mir (und das wurde auch oft von mir gefordert), etwas zu leisten, um gut angesehen zu sein; immer verfolgte mich der Gedanke daran, was die Leute denken könnten. Anerkennung bekam ich sehr wenig und liebevolle Zuwendung war selten.

Die ersten vier, fünf Jahre meines Lebens wurde ich vor allem von meiner Oma betreut und versorgt. Sie war sehr streng und geradlinig, dabei aber sehr liebevoll. Sie nahm mich überall mit hin, schenkte mir ihre Zuneigung und tröstete mich. Durch sie spürte ich Geborgenheit und Schutz.

Ich kann mich noch gut erinnern, welch furchtbare Angst ich vor Gewitter hatte. Dann nahm meine Oma mich auf den Schoß, ich legte den Kopf an ihre Brust und wenn es donnerte, meinte sie: „Der liebe Gott und die Engel kegeln doch nur", und wenn es blitzte: „Jetzt haben sie getroffen! Alle neune!" Das ist mir heute noch eine schöne Erinnerung.

Als ich etwa fünf Jahre alt war, heiratete meine Mutter – nicht meinen Vater, den lernte ich erst mit dreizehn kennen – und baute mit ihrem Mann ein Haus. Von da an musste ich bei ihr leben; da wir keine Beziehung zueinander hatten und schon gar keine gute, war das eine Quelle vieler Konflikte.

Ihre Ablehnung ließ sie mich oft spüren, sie schrie mich an und hatte eine schnelle Hand, was sich nach der Geburt meiner Geschwister noch verstärkte. Was auch immer die Kleinen anstellten, die Schuld gab sie mir – ich hatte ja nicht aufgepasst.

In dieser Zeit flüchtete ich oft zu meiner Oma, sie war zu uns ins Haus gezogen. Bei ihr, unterm Dach, war mein Zufluchtsort.

Manchmal wurde ich zur Strafe schon am Nachmittag ohne Essen ins Bett geschickt – zum Beispiel, weil ich, statt zur Toilette zu gehen, in meinen Sandeimer gepieselt hatte. Meine Oma kam dann heimlich ans Bett und brachte mir etwas zu essen.

Fast jeden Samstagabend nach dem Baden ging ich zu ihr nach oben, im Schlafanzug und in den dicken Bademantel gekuschelt saß ich dann gemütlich bei ihr auf der Couch; darauf freute ich mich immer sehr. Dann erzählte sie mir Geschichten von früher, sie trank gerne ein Glas Wein dazu oder einen Eierlikör und manchmal bekam ich auch einen kleinen Schluck.

Aber nicht einfach so mit dem Löffel, nein, Oma hatte solche kleinen Becher aus Waffel, innen mit Schokolade ausgekleidet; die füllte sie zur Hälfte – ein Hochgenuss!

Diese Abende waren für mich sehr kostbar.

Meine Oma war eine gläubige Frau; die ersten Jahre kam sie jeden Abend an mein Bett, um mit mir das Gutenachtgebet zu sprechen. Vielen mag es noch bekannt sein:

> ICH BIN KLEIN,
>
> MEIN HERZ IST REIN,
>
> SOLL NIEMAND DRIN WOHNEN
>
> ALS JESUS ALLEIN.

Ich liebte es, das zu beten; heute bin ich überzeugt: Damit legte sie die Grundlage dafür, dass ich heute wirklich den Herrn Jesus in meinem Herzen habe.

Als ich Schulkind wurde, kam Oma jeden Morgen in mein Zimmer und weckte mich.

Zwischen dem vierten und dem achten Lebensjahr schickte meine Mutter mich drei Mal zur Kur, beim ersten Mal wegen Unterernährung und Nervosität. Ich fühlte mich allerdings abgeschoben; besonders in der ersten Kur litt ich extrem unter Heimweh – so schlimm, dass meine Betreuerin mich zeitweise zu sich nach Hause nahm und sogar meine Mutter benachrichtigte. Bis auf zwei Briefe kam aber keine Reaktion; ich musste die sechs Wochen eben irgendwie aushalten.

Schulzeit

Die „Nervosität" war kein Zufall; ich lebte unter ständiger Anspannung und hatte Angst vor meiner Mutter. Was ihre Stimmung anging, war sie unberechenbar: Mal begrüßte sie mich freundlich und ich konnte kurz aufatmen, aber meistens war sie für mich unnahbar. Sie schrie mich sehr oft an, auf ein Widerwort streckte sie schnell die Hand aus und schlug zu.

Oft unterstellte sie mir eine böse Absicht: Brauchte ich für die Hausaufgaben länger als sonst, behauptete sie, ich wolle mich nur vor der Hausarbeit drücken. Dabei machte ich wirklich viel im Haushalt und sehr oft musste ich auf die Kleinen aufpassen. Wenn ich von der Schule oder von Freunden nach Hause kam, wusste ich nie, was mich erwartet.

Manchmal wurde ich freundlich empfangen, meistens aber angeschrien, unter Druck gesetzt oder mit Vorwürfen bombardiert.

Häufig machte ich die Hausaufgaben bei meinem Dorfschullehrer am Esstisch zusammen mit seinen eigenen Kindern. Das war für mich eine große Wohltat – denn meiner Mutter fiel, wenn ich einen Fehler machte, nichts anderes ein, als mich anzuschreien oder zu schlagen. Bei dem kleinsten Fehler, oder wenn ich nicht ganz so schön geschrieben hatte (damals wurde Schönschreiben noch benotet), kam es vor, dass sie die Seiten aus dem Heft riss und mir um die Ohren schlug.

Ich lebte in ständiger Angst vor ihren Reaktionen. Es reichte, dass sie hinter mir stand, egal, ob bei den Hausaufgaben oder wenn ich etwas in der Küche machte oder sonst irgendetwas, und mir über die Schulter schaute – dann wurde ich sehr angespannt und nervös. Ich fürchtete mich dermaßen, etwas falsch zu machen oder dass mir etwas misslang oder kaputtging; ich wusste ja, was mich dann erwartete.

Einmal war ich bei meiner Freundin Ingrid zum Geburtstag eingeladen und warum auch immer musste ich meine beiden Schwestern mitnehmen. Eine von ihnen stieß die Tasse um und der Malzkaffee ergoss sich über den Tisch.

Ich bekam Panik, mir liefen die Tränen und ich entschuldigte mich so oft, dass Ingrids Vater mich erst einmal beruhigen musste; er versicherte mir, das sei doch gar nicht schlimm. So stand ich ständig „unter Strom"; voller Angst und Anspannung bemühte ich mich, bloß keinen Fehler zu machen, eben brav und ruhig zu sein.

Mein Leben war geprägt von dem Gefühl, nichts wert zu sein und dass keiner mich mochte; nur wenn ich brav war, etwas Ordentliches leistete und alles richtig machte, hätte ich vielleicht eine Chance. Wie sehnte ich mich danach, dass meine Mama mich liebhaben, mich in den Arm nehmen und trösten würde oder etwas mit mir unternähme – was äußerst selten vorkam.

Wenn ich eine Klassenarbeit vermasselt hatte, fälschte ich ihre Unterschrift, so sehr fürchtete ich mich, ihr die Note zu zeigen – ich hätte Schläge bekommen, sie hätte mich angeschrien und bestraft. Dabei war ich keine schlechte Schülerin, außer im Jahr der Scheidung meiner Mutter: da gingen meine Noten vorübergehend in den Keller; im folgenden Jahr gab sich das aber wieder.

Ausbildung

Ein wenig Unterstützung bekam ich ab der fünften Klasse von Ingrids Eltern; schon im vierten Schuljahr hatten sie meinen Eltern gut zugeredet, mich doch auf die Realschule zu lassen. Seit ich acht war, wollte ich Kinderkrankenschwester werden und dafür brauchte man die Mittlere Reife.

Meiner Mutter war dieser Wunsch gleichgültig; sie meinte nur, ich solle mir doch einen studierten und reichen Mann suchen, dann bräuchte ich keine Ausbildung. Ich würde sowieso heiraten und Kinder bekommen.

So musste ich mehr oder weniger allein zurechtkommen und mich selbst um Schulerfolg und Ausbildung kümmern – und ich schaffte es, aller Entmutigung zum Trotz: Ich erlernte den Beruf der Kinderkrankenschwester.

Schon im Vorfeld erlebte ich Gottes Führung und Gnade. Ich kannte ihn nicht persönlich, aber er sah mich und sorgte für mich.

Damals waren Ausbildungsplätze Mangelware, auch in meinem Traumberuf. Schon im vorletzten Schuljahr schrieb ich eine Bewerbung nach der anderen und bekam nur Absagen. Aus Angst, nach der Schule ohne Lehrstelle dazustehen, bewarb ich mich bei einer Baufirma, dort wurde eine Auszubildende zur Industriekauffrau gesucht. Die Bewerbung schrieb ich eher halbherzig, aber ich bekam die Stelle. Erleichtert unterschrieb ich den Lehrvertrag – lieber irgendeine Ausbildung als gar keine!

Wenig später kam mit der Post ein Ausbildungsvertrag zur Kinderkrankenschwester. Was nun? Da kam mir die Sehnenscheidenentzündung gerade recht: Mit dem Gips am rechten Handgelenk marschierte ich zur Baufirma und erklärte, sollte sich das wiederholen, könnte ich nur begrenzt die Schreibmaschine bedienen (Mitte der 1970er-Jahre hatte man im Büro noch keinen Computer) – und sie entließen mich bereitwillig aus dem Vertrag, froh, dass ihnen dieser Reinfall erspart geblieben war.

Ich hätte jubeln können, so sehr freute ich mich auf die Ausbildung zu meinem Traumberuf!

ALLERHAND MISSBRAUCH

Als Grundschulkind musste ich oft gegen Abend für meinen Stiefvater bei einem Nachbarn Bier holen. Der Mann hatte einen kleinen Getränkehandel; irgendwann fing er an, mich in den Keller zu locken, angeblich wollte er mir einen Igel zeigen.

Dort zog er mich an seine Seite – es war mir sehr unangenehm, schon seinen Geruch fand ich ekelhaft und dann noch, wie er atmete; aber ich getraute mich nicht, mich zu wehren oder mit jemandem darüber zu sprechen. Immer wieder ermahnte er mich zu schweigen, das wäre doch unser beider Geheimnis; er sei so oft allein und wolle mich doch nur ein bisschen anfassen und streicheln.

Ich versuchte immer, eines meiner Geschwister mitzunehmen; aber ein paarmal, wenn ich allein dort war, versuchte er auch mehr – glücklicherweise ließ seine Manneskraft ihn aber im Stich. Es war extrem unangenehm, ich fühlte mich entwürdigt und benutzt.

Meiner Mutter wollte ich auf keinen Fall davon erzählen; ich hatte große Angst davor, dass sie mir vorwerfen würde, ich wäre selber schuld, oder dass sie mir nicht glaubte. So ertrug ich auch diese Schmach stillschweigend und mutterseelenallein, auch wenn ich mehrfach versuchte, irgendwelche Ausreden ins Feld zu führen, damit ich nicht dorthin müsste. Wenn ich jemanden hatte mitnehmen dürfen, machte er meinen Begleitern eindeutig und bestimmt klar, sie hätten dort zu warten, wo sie waren.

Aber niemand fragte nach, keiner schöpfte Verdacht. Nach einiger Zeit stellte sich heraus, dass er auch andere Kinder belästigte, darunter eine meiner Schwestern. Ein Kind hatte den Mut gehabt, zu Hause davon zu erzählen, und so hörte das endlich auf.

Auf die Frage meiner Mutter, ob er mich auch angefasst habe, gab ich nun eine ehrliche Antwort; die nahm sie aber nur wortlos zur Kenntnis. Ich war bodenlos enttäuscht! Wie sehr hätte ich mir Trost gewünscht, ein „Es tut mir so leid" oder einfach eine Umarmung – aber da kam rein gar nichts! Ich kam mir so minderwertig und ungeliebt vor, ich war ja nur ich.

Später versuchte ein Lehrer, der mir Nachhilfeunterricht gab, mich ebenfalls sexuell zu missbrauchen; doch auch hier erlebte ich mehrfach Gottes Bewahrung: Immer, wenn es für mich eng und aussichtslos wurde, störte irgendetwas oder irgendjemand – entweder klingelte das Telefon oder es kam jemand an die Haustür.

Und wieder hatte ich nie den Mut, meiner Mutter davon zu erzählen, aus Angst, sie würde mir sowieso nicht glauben. Mehrfach versuchte er mir einzureden, ich wollte das doch auch (was natürlich nicht stimmte) und ich solle mich jetzt nicht so zieren, schließlich hätte ich ihm schon in der Schule schöne Augen gemacht und deshalb wäre ich jetzt ja auch hier.

Irgendwann ging ich einfach nicht mehr hin; einzig Ingrid erzählte ich davon, da sie ebenfalls vorhatte, bei ihm Nachhilfe zu nehmen.

Wir waren beide von der Grundschule in die Realschule gewechselt und da wir in Mathe etwa ein Jahr im Rückstand waren, hatte unser neuer Klassenlehrer uns vorgeschlagen, doch bei ihm Nachhilfe zu nehmen.

Über sein Angebot waren wir natürlich sehr froh, zumal er dafür kein Geld wollte. Er hatte schon vorher ab und zu Schüler zu sich nach Hause eingeladen, was oft ein schönes Erlebnis war, da er immer irgendwelche Leckereien anbot. Auch hatte er zwei süße Perserkatzen, die ich natürlich total mochte, zumal sie sehr kuschelig waren, und dazu ein riesiges Aquarium, das faszinierte uns natürlich sehr. Irgendwie war es immer ein Erlebnis, bei ihm zu sein; er gab uns das Gefühl, wichtig zu sein und gesehen zu werden.

Es war einfach lustig gewesen, dort zu sein, so hatte ich keinerlei Befürchtungen gehabt. – Auf meinen Hinweis hin verzichtete Ingrid auf sein Angebot.

Als Teenager lernte ich meinen leiblichen Vater kennen; wir trafen uns in unregelmäßigen Abständen. Irgendwann versuchte auch er – mit der Begründung, er wolle mich näher kennenlernen –, mich zu missbrauchen.

Inzwischen kannte ich schon Jesus als meinen Herrn und war stabil genug, mich dagegen zu wehren; dennoch hinterließ es eine große Enttäuschung, Scham und Schmerz. Dazu später mehr.

Ungefähr zu dieser Zeit ließ sich meine Mutter von ihrem ersten Mann scheiden. Die Ehe war chaotisch gewesen, mit viel Streit bis hin zu Schlägereien; es kam vor, dass die Nachbarn die Polizei riefen.

Und wer war schuld an der gescheiterten Ehe? Für meine Mutter ein klarer Fall: Als kleines Mädchen hatte ich den Wunsch geäußert, auch einen Papa haben zu wollen!

Wenn es ihr schlecht ging, weinte sie vor mir und schüttete mir ihr Herz aus, suchte meine Nähe. Damit war ich total überfordert – diese Details, die sie mir erzählte, die wollte ich nicht hören, sie waren mir extrem unangenehm; aber dann war ich ihr bestes Mädchen: Sie kuschelte mit mir, machte bis in die Nacht mit mir Puzzles und ich durfte bei ihr im Bett schlafen.

Ging es ihr dann wieder gut oder hatte sie einen anderen kennengelernt, war ich wieder vergessen und alles war wie zuvor. Damit kam ich nur schwer zurecht; ich genoss es ja sehr, wenn sie mir Aufmerksamkeit schenkte, und dachte: Vielleicht hat sie mich doch ein bisschen lieb.

Dass sie mich nur für ihre eigenen Zwecke missbrauchte, das habe ich erst später erkannt.

VERÄNDERUNGEN

EIN SCHWERER VERLUST

Als ich vierzehn war, starb – für mich plötzlich und unerwartet – meine geliebte Oma.

Ich weiß noch: Als sie an diesem Morgen wie immer nach unten kommen wollte, um mich für die Schule zu wecken, rief ich ihr entgegen: „Oma, ich bin schon wach, du brauchst nicht herunterzukommen."

Wegen ihrer Knieprobleme war sie nicht mehr so gut zu Fuß und ich wollte ihr die Treppe ersparen. Wie oft habe ich im Nachhinein gedacht, ich hätte sie doch noch einmal kommen lassen sollen, um mich zu wecken, dann hätte ich sie ein letztes Mal gesehen.

Wenn sie krank gewesen war und das Bett hüten musste, ging ich zu ihr und fragte, ob sie etwas brauche, oder einfach nur, um nach ihr zu sehen.

Manchmal sagte sie dann: „Ach, wenn der Herr Jesus mich doch nur holen würde", worauf ich erwiderte: „Nein, Oma, das geht nicht, du darfst nicht gehen, ich brauche dich noch!"

Einmal sagte sie, sie wolle noch die Konfirmation „vom Mädchen" erleben, also meine Konfirmation, dann würde sie gehen wollen. Dieser Wunsch wurde ihr erfüllt; es war ihr sehr wichtig, dass ich konfirmiert wurde und dass sie dabei war.

Bald danach erfüllte sich ihr Wunsch – sie ging von uns, ließ sich von ihrem Herrn Jesus heimholen.

Als meine Mutter mir mitteilte, die Oma sei tot, legte ich mich auf unsere Couch mit dem Gedanken: Wenn ich wieder aufwache, ist dieser Albtraum vorbei und alles ist wieder wie vorher, die Oma ist wieder oben in ihrer Wohnung.

Ich schlief auch umgehend ein – und musste beim Aufwachen erkennen: Der Albtraum war nicht vorbei und die Oma war tatsächlich für immer weg. Sie war nicht mehr da, sie, die mein Schutz und meine Sicherheit gewesen war, der ich vertraute und zu der ich gehen konnte.

Jetzt fühlte ich mich meiner Mutter schutzlos ausgeliefert und gab innerlich auf, beschloss in meinem Herzen, dass hier auch mein Leben endete. Aber irgendwie ging es weiter, es musste ja weitergehen.

Meine Mutter hatte nun eine neue Waffe in der Hand; funktionierte ich nicht nach ihren Vorstellungen oder hatte ich sonst irgendwie ihr Missfallen erregt, konnte sie mir an den Kopf werfen: „Wenn das die Oma noch erleben müsste, sie würde sich im Grab umdrehen!"

Meiner Oma wehtun, das war das Letzte, was ich wollte – und so tat dieser Satz bei mir immer, was er sollte: Ich fügte mich.

Ich glaube, dass meine Oma zu Lebzeiten für mich gebetet hatte und auch für ihre Tochter, meine Mutter; eine ihrer Bitten ist bereits erhört worden: Ich lebe heute mit und für meinen Herrn Jesus Christus.

Ihre andere Bitte habe ich inzwischen übernommen, bis heute bete ich darum und werde nicht aufhören, bis auch sie erhört ist: In der Ewigkeit will ich nicht nur meine Oma wiedersehen, sondern auch meine Mama.

Ich würde mir sogar sehr wünschen, dass unsere Beziehung noch hier auf dieser Erde geheilt und gut wird, dass wir einander Vergebung zusprechen und uns versöhnen können und noch ein paar schöne gemeinsame Jahre haben, meine Mutter und ich, ihre Tochter.

> VOR ALLEM ANDEREN FORDERE ICH EUCH AUF,
> FÜR ALLE MENSCHEN ZU BETEN.
> BITTET BEI GOTT FÜR SIE UND DANKT IHM.
> 1. TIMOTHEUS 2,1 NLB

> DURCH DIE MÄCHTIGE KRAFT, DIE IN UNS WIRKT,
> KANN GOTT UNENDLICH VIEL MEHR TUN,
> ALS WIR JE BITTEN
> ODER AUCH NUR HOFFEN WÜRDEN.
> EPHESER 3,20 NLB

Auf diese Zusage, diese Verheißung, sage ich ein kräftiges Amen: Ja, so sei es!

LICHTBLICKE MIT JÄHEM ENDE

Meine einzige Zuflucht waren jetzt noch Ingrid und ihre Familie. Bei Bauers fühlte ich mich wohl, sie behandelten mich wie ihre eigene Tochter.

Einmal nahmen sie mich sogar mit in den Urlaub und stellten mich immer als ihre Pflegetochter vor – das machte mich sehr stolz und tat mir unendlich gut.

Ich schmunzele heute noch bei der Erinnerung daran, dass Ingrids Eltern gefragt wurden, welche von uns beiden nun die Pflegetochter sei und welche die eigene. Mit einem Lächeln im Gesicht ließen sie dann die Leute raten – und immer hielten die mich für die leibliche Tochter und meine Freundin für die Pflegetochter.

Tja, ich bin dunkelhaarig und Ingrids Eltern auch, Ingrid aber war blond. Mich freute es immer sehr und Ingrid amüsierte sich darüber, zumal sie ein Einzelkind war und mich als ihre Schwester betrachtete.

Bei Bauers fühlte ich mich angenommen und wertgeschätzt. Nach solch einer Familie, in der ich willkommen und geliebt war, sehnte ich mich so sehr! Bauers wussten, wie es mir zu Hause erging, sie trösteten mich immer wieder und machten mir Mut.

Als ich fünfzehn war, heiratete meine Mutter wieder. Des einen Freud, des anderen Leid: Ihr neuer Mann lebte in einem anderen Bundesland und ich musste mit umziehen.

Mein letztes Schuljahr stand bevor und Bauers boten mir an, bei ihnen zu wohnen, um mir in diesem wichtigen Abschnitt einen Schulwechsel zu ersparen – vergeblich. Offensichtlich wusste meine Mutter sehr wohl, was sie an ihrer ältesten Tochter hatte.

Nun hatte ich auch diesen Zufluchtsort verloren. Mit sechzehn fing ich an, Zuneigung und Angenommensein in Männerbeziehungen zu suchen – natürlich bescherte mir das viele Verletzungen und Enttäuschungen; ich wollte ja nur meine Sehnsucht stillen, *meinen* Mangel ausfüllen.

Der neue Mann war sehr nett, bei ihm fühlte ich mich wohl und er war für mich wie ein Vater: Er half mir bei den Hausaufgaben und verbrachte einfach Zeit mit mir.

Immer behandelte er mich freundlich und gut; ich genoss es sehr und hatte neue Hoffnung: Jetzt bekomme ich doch noch einen Vater, der mich sieht, mich liebhat und für mich da ist.

Leider hielt das nicht lange an. Wir wohnten noch im Dorf meiner Kindheit; meine Mutter war Vertreterin für Bettwäsche und hielt an den Abenden da und dort Verkaufspartys – und eines schönen Tages sagte eine Nachbarin zu ihr: „Sag mal, machst du dir eigentlich keine Gedanken, deine hübsche halbwüchsige Tochter abends mit deinem Mann allein zu lassen?"

Völlig hysterisch kam sie nach Hause, schrie uns an und unterstellte uns ein Verhältnis, drohte, uns zum Haus hinauszuwerfen, und betitelte mich als „Flittchen". Von da an war es aus mit der guten Beziehung zu meinem Stiefvater; so gut wie möglich gingen wir einander aus dem Weg, um uns weitere Auseinandersetzungen und Vorwürfe zu ersparen.

Das war noch vor dem Umzug gewesen; man sollte meinen, meiner Mutter wäre das Angebot der Familie Bauer sehr willkommen gewesen. Was bewegte sie, es auszuschlagen?

Jedenfalls war die Beziehung zu meiner Mutter nun noch gespannter als je zuvor. Ich kam mir vor wie eine billige Arbeitskraft, zumal ich für Schule oder Ausbildung keinerlei Unterstützung bekam, alles musste ich mir sehr mühsam selbst erkämpfen.

Meine Mutter zeigte keinerlei Interesse an mir oder daran, was aus mir wird – außer dass sie mir riet, „reich" zu heiraten, dann wäre ich versorgt. So zog ich mit sechzehn aus und lebte mit einem Mann zusammen.

Das funktionierte aber nicht, also ging ich wieder zurück nach Hause, wo ich jedoch nur noch geduldet war. Dies hielt ich ein Jahr aus und zog dann in das Haus meines späteren Mannes – nur weg von zu Hause, und immer auf der Suche nach Liebe und Angenommensein.

VERSCHNAUFPAUSE

Inzwischen hatte meine Ausbildung zur Kinderkrankenschwester begonnen, mit meinem Uralt-Käfer eine Autostunde entfernt; den größten Teil der Woche wohnte ich nun im Schwesternwohnheim.

Für mich war das bis dahin und auf lange Zeit einer der schönsten Lebensabschnitte – ich glaube, dass ich vorher und lange danach nicht so viel Spaß hatte und so viel gelacht habe wie in diesen Jahren. Zum ersten Mal seit Langem hatte ich das Gefühl, zu leben.

Ich freundete mich mit einer Kollegin an; Monika und ich unternahmen vieles gemeinsam, zum Beispiel meinen allerersten Urlaub: Wir flogen nach Menorca und es war einfach wunderschön, ich war so frei und unbeschwert wie schon lange, lange nicht mehr.

Und doch zog die Sehnsucht nach Liebe und Angenommensein mich immer wieder zu meiner Mutter zurück oder in allerlei ungesunde Männerbeziehungen. In dieser Zeit lernte ich meinen späteren Mann kennen.

HEIRAT UND FAMILIE

„MUSS ES DENN UNBEDINGT MEIN KLAUS SEIN?"

Im zweiten Ausbildungsjahr lernte ich an einem freien Wochenende – ich war zu Hause – beim Tanz einen charmanten Mann kennen. Klaus himmelte mich an und zeigte großes Interesse an mir, für ihn war ich die absolute Traumfrau. Ich genoss die Zuwendung und Aufmerksamkeit, sog sie förmlich in mich auf. Endlich, dachte ich, endlich werde ich angenommen und geliebt.

Schon bald zog ich bei ihm ein, war einfach nur erleichtert, endlich von zu Hause wegzukommen. Meine Mutter war froh, mich wieder loszuwerden – als wir ihr erzählten, wir wollten zusammenziehen, riet sie mir, doch gleich alles mitzunehmen.

Man könnte meinen, die Beziehung zu meiner Mutter hätte sich nun entspannt; das war aber nicht der Fall – sie verschlechterte sich noch und der Kontakt brach völlig ab. Sie kam nicht einmal zu unserer Hochzeit, sondern fuhr in den Urlaub. Das tat weh. Nun ja, wir hatten mehrmals telefoniert und sie hatte bestimmte Vorstellungen, wen wir einladen sollten und wie; denen wurde ich nicht gerecht, also kam sie nicht. Zu zerrüttet war unsere Beziehung, als dass wir einen Weg zueinander gefunden hätten.

Meine zukünftigen Schwiegereltern wohnten unten im Haus, wir oben; es waren abgeschlossene Wohnungen mit Wohnungstür, sodass jeder hinter sich die Tür schließen konnte.

Das hielt meine zukünftige Schwiegermutter – Gisela – allerdings nicht davon ab, plötzlich und ohne Ankündigung, ohne sich irgendwie bemerkbar zu machen, bei uns in der Wohnung zu stehen. Das war mitunter recht peinlich, doch das störte sie nicht und auch Klaus schien es nichts auszumachen. Jedenfalls verbat er sich das nie, zeigte ihr keine Grenzen auf; und ich hatte nicht den Mut dazu, wollte mich nicht in die Nesseln setzen.

Zudem redete Gisela mir ständig in alles hinein – und als ich wegen einer chronischen Nierenbeckenentzündung starke Schmerzen hatte, war ihre einzige Sorge, ob ich wohl die körperlichen Bedürfnisse ihres Sohnes genügend befriedigen könne. Wohlgemerkt, wir hatten noch nicht geheiratet! Eigentlich hätten mir schon allein deshalb die Alarmglocken läuten müssen.

Am Anfang war sie noch sehr nett gewesen, unterstützte mich bei der Wäsche und anderen Dingen, da ich ja noch in der Ausbildung war. Klaus hingegen wollte unbedingt, dass ich abbräche und ganz für ihn da wäre – seine Frau müsse nicht arbeiten, sie solle zu Hause bleiben und für die Familie da sein; aber ich hielt durch und machte meinen Abschluss.

Was war ich später froh und dankbar, dass ich wenigstens in dieser Sache nicht nachgegeben hatte und das Examen als Kinderkrankenschwester vorweisen konnte!

Klaus war, so stellte sich bald heraus, sehr eifersüchtig und misstrauisch, er wollte mich besitzen und gleichsam einsperren; nur erkannte ich das noch nicht, sondern hielt es für Liebe und Zuwendung.

Nach zwei Jahren beschlossen wir zu heiraten – sehr zum Unmut seiner Mutter, die mir das Leben von nun an sehr schwer, manchmal geradezu zur Hölle machte: „Du bist jung und hübsch, muss es denn unbedingt mein Klaus sein? Du findest doch noch einen anderen ..."

Mein zukünftiger Mann sagte gar nichts dazu. Das war, soweit ich weiß, das einzige Mal, dass er gegen den Wunsch seiner Mutter handelte – was aber nicht bedeutet, dass er mich in Schutz genommen hätte, das nicht.

Selbst wenn Gisela wirklich gemein und unfair, ja feindselig war, ließ ihn das völlig kalt; er kommentierte nur, das ginge ihn nichts an. Gut, dass ich Monika hatte! Sie war eine gute Freundin; bei ihr fand ich viele Jahre ein offenes Ohr, guten Rat, Zuflucht.

Die Hochzeit war geplant und alles vorbereitet. In der Nacht vor dem „schönsten Tag im Leben" wurde ich wach – vielleicht war es auch ein Traum; jedenfalls hatte ich das Gefühl: Da steht jemand an meinem Bett! Ich schaute auf und da stand jemand, lächelte mich an und sagte: „Tu es nicht, sag alles ab, heirate nicht."

Ich erwiderte: „Das geht nicht, es ist alles vorbereitet, die Gäste sind eingeladen und manche sind schon da. Ich kann nicht mehr zurück."

Dann wurde ich wach und brach in Tränen aus, spürte ich doch, dass ich im Begriff war, einen großen Fehler zu machen; eigentlich wollte ich jetzt gar nicht mehr heiraten – aber alles abzublasen, dazu fehlte mir der Mut.

Geweckt von meinem Schluchzen, wollte Klaus wissen, was los sei; ich sagte einfach: „Gar nichts, ist alles gut."

SARAH

Etwa zwei Jahre nach der Heirat bekamen wir unsere erste Tochter, Sarah.

Sarah war ein süßes Baby, aber sehr anstrengend. Sie schlief keine Nacht durch und schrie sehr viel; sie beruhigte sich nur, wenn sie bei mir auf dem Bauch lag oder ich sie in meinen Armen hielt. Das brachte mich oft an meine Grenzen, denn Klaus wollte nicht, dass ich sie mit zu uns ins Bett nahm; darunter litt ich sehr, hatte aber nicht den Mut, mich durchzusetzen.

Nur gut, dass Klaus oft früh zur Arbeit musste! Dann holte ich sie zu mir ins Bett und so hatten mein Baby und ich noch ein paar schöne Stunden, waren beide ruhig und zufrieden.

Häufig kam Gisela aus irgendwelchen fadenscheinigen Gründen hereinspaziert und nahm, ohne mich zu fragen, mein Kind mit zu sich nach unten. Ich war in diesem Haus so eingeschüchtert, dass ich nicht den Mut aufbrachte, zu widersprechen oder etwas dagegen zu unternehmen; aber ich litt furchtbar darunter, denn selbst, wenn es um mein Kind ging, hatte ich nichts zu melden: Was ich auch tat oder sagte, alles wurde missachtet und ignoriert.

Sarah war auch sonst auffällig in ihrem Verhalten und ihrer Entwicklung, deshalb konsultierte ich einen Arzt. Der stellte eine Entwicklungsverzögerung fest und gab Anweisungen und machte Vorschläge, wie ich meine Tochter fördern und starkmachen könnte. Das machte es jetzt noch schwieriger, denn Gisela fiel nichts Besseres ein, als alles zu sabotieren.

Außerdem wusste sie genau, woher Sarahs Entwicklungsverzögerung rührte: Trotz Beckenendlage hatte ich unbedingt normal entbinden wollen. Die Ärzte entkräfteten diesen Vorwurf und erklärten, solche Verzögerungen in der Entwicklung kämen immer wieder vor, ohne dass man einen Grund dafür erkennen könnte, und meistens würde sich das irgendwann verwachsen; für meine Schwiegermutter war dennoch ich schuld an Sarahs Beeinträchtigung.

Auch von meinem Mann bekam ich keinerlei Unterstützung, im Gegenteil: Sarahs Verhalten ärgerte ihn, dann schimpfte er mit ihr oder verlangte Sachen, die sie noch nicht konnte. Im Kindergartenalter wurde sie häufig mit ihrer fast zwei Jahre jüngeren Schwester verglichen. Wie oft musste sie hören: „Guck mal, Anne ist noch so klein und kann das schon besser als du!"

Sarah ging schon zur Schule, da bat ich sie einmal, mir ein Bild zu malen. „Frag doch Anne, die kann es besser", erwiderte sie. Das brach mir fast das Herz und ich sagte ihr, ich hätte gerne eines von ihr gemalt – was sie dann auch tat.

Sarah brauchte immer viel Ermutigung und Bestätigung, um irgendetwas zu machen, und hinterher großes Lob. Leider konnte ich das ihr nicht immer so geben, wie sie es gebraucht hätte; doch gab ich mein Bestes, so gut ich es eben vermochte.

KRÄNKUNGEN AM LAUFENDEN BAND

Ich kämpfte an mehreren Fronten und stand ganz allein mittendrin. Nichts machte ich in diesem Haus richtig, weder meinen Haushalt noch im Garten.

Ständig wurde ich kritisiert und gemaßregelt wegen Kleinigkeiten: Da hatte ich nicht richtig Staub gewischt, die Pflanzreihen im Garten waren nicht gerade genug und, und, und ... bis hin zur Kindererziehung. Selbst als Ehefrau wurde ich hinterfragt: ob ich wohl meinem Mann eine gute Frau wäre und seinen Bedürfnissen gerecht würde.

So erlebte ich nach meiner wirklich schmerzhaften und schwierigen Kindheit und Jugend als junge Erwachsene nicht nur eine Fortsetzung, sondern eine kräftige Steigerung, sehnte ich mich doch weiterhin nur nach Annahme und Liebe.

War es Klaus und seiner Mutter bewusst, oder sagten sie es nur so daher? Wie oft hörte ich Sätze wie „Ich würde dich ja noch mehr lieben, wenn du nur ...“

Einmal meinte mein eigener Mann, so, wie ich wäre, könnte ich in der Stadt in gewissem Milieu gutes Geld verdienen. Das war so beleidigend und boshaft, ein Schlag in die Magengrube! Dennoch tat ich fast alles dafür, auch nur ein wenig geliebt und angenommen zu sein: Ich passte mich an, ließ mich verletzen und erniedrigen und schluckte alles hinunter, nur um nicht noch mehr Ablehnung und Kritik einstecken zu müssen.

ANNE

Kurz vor Sarahs zweitem Geburtstag kam dann unsere zweite Tochter Anne zur Welt. Anne war ein ruhiges, fröhliches, sehr pflegeleichtes Kind, sie lachte viel und weinte kaum. Wie war ich erleichtert! In der Schwangerschaft hatte ich mich sehr gefürchtet, noch ein solch anstrengendes Baby zu bekommen.

Gisela sah jetzt umso mehr Grund, Sarah ständig zu holen; und weiterhin ignorierte sie alle meine Erziehungsmaßnahmen und Anweisungen, die Sarah stärken und fördern sollten. Deshalb gab ich jetzt vollständig auf und ließ es einfach geschehen. Ich litt zwar weiter sehr darunter, ich liebte meine Sarah ja, auch wenn sie sehr anstrengend war; aber irgendwie dachte ich: Jetzt habe ich mein Baby, dann nimm die Sarah eben und ich habe ein wenig Ruhe vor diesen ständigen Auseinandersetzungen.

Wie immer stand ich auch in dieser Sache allein da: Klaus interessierte das alles nicht; er meinte nur, das ginge ihn nichts an, das müsse ich schon selber regeln.

Hatte er das von seinem Vater gelernt? Der hatte sich kurz nach der Hochzeit einmal zu mir gestellt und zu seiner Frau gesagt: „Sei ja gut zu der Diana." Er kannte seine Frau … Aber davon abgesehen, verhielt mein Schwiegervater sich „neutral".

Ein Vierteljahr wie Luft

Zudem war Klaus ja sehr eifersüchtig, er sah mich eher als seinen Besitz als seine Ehefrau und mochte es gar nicht, wenn ich auch nur allein mit einer Freundin weggehen wollte.

Einmal war ich zu einer Weihnachtsfeier eingeladen. Bevor ich ging, wollte er wissen, wann genau ich wieder zu Hause sei. Als könnte man das vorher sagen …

Ich nannte eine ungefähre Uhrzeit, es wurde dann aber doch etwas später und als ich nach Hause kam, wurde ich begrüßt mit den Worten: „Na, welchem Bett bist du jetzt entstiegen?".

Dem folgten Streit, Kritik, Vorwürfe, Beschimpfungen und anschließend war ich bis Weihnachten für ihn nur Luft.

Wenn ich nicht so tat, wie er es sich vorstellte, bestrafte er mich mit Liebesentzug und Geringschätzung. Es konnte vorkommen, dass ich in unserem Haus wochenlang völlig ignoriert wurde, Gisela schaffte es einmal sogar drei Monate lang! Niemand nahm mich zur Kenntnis, keiner schaute mich an oder sprach mit mir, ich wurde behandelt wie nicht existent. Weder mein Mann nahm mich zur Kenntnis noch meine Schwiegermutter, sie taten, als wäre ich überhaupt nicht da, keine Begrüßung, kein Wort, keine Antwort, rein gar nichts.

In letzter Sekunde

Diese schroffe Ablehnung zur Strafe, wenn ich nicht tat, was sie wollten, trieb mich schließlich dazu, dass ich meinem Leben ein Ende setzen wollte. Ich hielt diese ständige Feindseligkeit nicht mehr aus, ich konnte einfach nicht mehr, sah keinen anderen Ausweg. Offensichtlich war ich es nicht wert, dass man mich liebhatte und schätzte – das dachte ich jedenfalls: Ich konnte mich anstrengen, wie ich wollte, nie war es genug. So sehr ich mir auch Mühe gab, alles richtig zu machen: Ich schaffte es nicht.

Auch konnte ich mich niemandem anvertrauen – außer manchmal Monika –, aus Angst, man würde mir nicht glauben und dann würde alles nur noch schlimmer werden. Denn nach außen sah ja alles gut aus: Meine Schwiegermutter galt als nett und hilfsbereit, sie beschenkte die Nachbarn und war nach außen immer freundlich.

In ihren Augen hatte ich es mit ihrem Sohn doch so gut getroffen und das trotz solch einer Mutter – ja, ja, der Apfel fällt nicht weit vom Baum, so konnte sie mich belehren: Ich sollte doch dankbar sein.

Wer würde mir da auch nur ein Wort glauben? Ich war verzweifelt und hatte keine Perspektive mehr. Also ging ich ins Bad, leerte alle Tabletten im Apothekenschrank in die Hand; in die andere nahm ich das Glas Wasser, das ich aus der Küche mitgebracht hatte, und setzte meine Linke an die Unterlippe. Gleich hätte ich alle Tabletten verschluckt und dann – ja, ich weiß gar nicht genau, was ich mir erhoffte: dann wäre es endlich vorbei.

Es war ein schöner, warmer Sommertag, das Fenster stand offen – und just in diesem Moment hörte ich lautes Kinderlachen. Zwei Häuser weiter war der Kindergarten und oft hörte ich es, wenn die Kinder bei schönem Wetter draußen waren. Jetzt kamen sie also gerade wieder in den Garten, lachend und jauchzend vor Freude, draußen sein zu dürfen.

Für mich kam das genau zum richtigen Zeitpunkt: Nur eine Minute später und ich hätte alle Tabletten geschluckt; dann wäre es für mich zu spät gewesen und Sarah und Anne hätten keine Mutter mehr gehabt.

Ich kannte Jesus noch nicht, aber er sah mich und ihm war ich wertvoll – und so wichtig, dass er seine Hand über mich hielt und mich bewahrte: Genau im richtigen Moment hat er die Kinder nach draußen springen lassen und vor allem ließ er sie laut lachen und jubeln, damit ich es hören und mein Vorhaben nochmals überdenken konnte.

DARAN ERKENNE ICH,

DASS DU GEFALLEN AN MIR HAST,

DASS MEIN FEIND NICHT ÜBER MICH TRIUMPHIEREN DARF.

PSALM 42,12 NLB

SIND SIE NICHT ALLE DIENSTBARE GEISTER,

AUSGESANDT ZUM DIENST UM DERER WILLEN,

WELCHE DAS HEIL (DIE ERRETTUNG) ERBEN SOLLEN?

HEBRÄER 1,14

IN ALL IHREN BEDRÄNGNISSEN FÜHLTE ER SICH SELBST BEDRÄNGT.

UND DER ENGEL, IN DEM SICH GOTTES ANGESICHT ZEIGT,

RETTETE SIE. ER SELBST ERLÖSTE SIE,

WEIL ER SIE LIEBTE UND MITLEID MIT IHNEN HATTE.

ER HOB SIE AUF UND TRUG SIE SEIT URZEITEN UNABLÄSSIG.

JESAJA 63,9 NLB

Dafür kann ich ihm heute nur von ganzem Herzen danken und ihm alle Ehre geben. Gott hat mich nicht nur gemacht und gewollt, sondern hier hat er mir das Leben noch einmal geschenkt – und das war nicht das letzte Mal, dazu komme ich später.

Als ich die Kinder hörte, dachte ich an meine beiden kleinen Töchter, die auch dort waren – und mir wurde klar, was ich ihnen mit diesem Schritt antun würde: Ich wäre nicht mehr für sie da; und allein der Gedanke, sie meiner Schwiegermutter und meinem Mann zu überlassen, machte mich traurig. Also warf ich all die Tabletten in die Toilette und spülte sie hinunter.

An meiner Situation änderte sich allerdings nichts. Ich kam mir in dem Haus oft nur wie ein Dienstbote vor, wie eine Angestellte; und nichts, was ich tat, war irgendwie richtig oder etwas wert. Überall Kritik und Vorwürfe, Sticheleien, Liebesentzug und Ablehnung.

Doch wie schäbig und schlecht man mich auch behandelte, ich hielt es nicht nur aus, sondern dachte manchmal sogar, ich hätte es wohl nicht besser verdient. Nie hatte ich den Mut, mich zu behaupten oder nein zu sagen. Ich wollte doch liebgehabt werden, wollte gesehen werden und angenommen sein. Für ein klein wenig von diesen Kostbarkeiten war ich bereit, alles einzustecken.

„DU BIST NOCH VIEL SCHLIMMER"

Eines Tages lud meine Schwiegermutter mich zu Kaffee und Erdbeerkuchen ein. Wie freute ich mich: Endlich würde sie mich mögen und wertschätzen und vielleicht merkte sie ja, dass ich doch zumindest ein wenig liebenswert wäre. Jetzt, dachte ich, jetzt wird alles besser.

Zur vereinbarten Zeit ging ich nach unten (Sarah hatte sie wie so oft schon vorher ungefragt geholt); der Tisch war schon gedeckt und es lag noch eine Bildzeitung da. „Setz dich schon mal, der Kaffee ist gleich fertig!"

So ganz beiläufig schob sie mir das Blatt hin, ich solle doch mal den Bericht auf der Titelseite lesen. Dort war ein großes Bild – ein Hundezwinger mit zwei, drei Schäferhunden und mittendrin ein kleines Kind. In dem Text dazu las ich von einer jungen alleinerziehenden Mutter, die mit ihrem Kleinkind überfordert war.

Sie wollte ausgehen und Spaß haben; also setzte sie ihr Kind immer wieder zu den Hunden in den Zwinger, manchmal tagelang. Die Hunde kümmerten sich um das Kind und wärmten es, als wäre es ihres. Das Kind aß sogar von ihrem Futter.

Gisela wartete, bis ich alles gelesen hatte, dann schenkte sie mir Kaffee ein mit den Worten: „Schlimm, nicht wahr?" Ich stimmte ihr zu – und jetzt biss sie zu:

„Und weißt du was, Diana, du bist noch viel schlimmer als diese Frau." Sollte heißen: Ich wäre nicht fähig, meine Kinder (damit meinte sie hauptsächlich Sarah, Anne interessierte sie weniger) anständig zu versorgen und zu erziehen.

Ich war schockiert über diesen Seitenhieb. Sprachlos kämpfte ich mit den Tränen, unfähig, auch nur ansatzweise etwas zu sagen oder darauf zu reagieren. Brav aß ich meinen Erdbeerkuchen und trank meinen Kaffee, dann ging ich wieder nach oben.

Am Abend erzählte ich meinem Mann von dem Vorfall und bat ihn, doch bitte mit seiner Mutter zu sprechen – in der Hoffnung, jetzt würde er sich zu mir stellen; aber Klaus winkte ab: „Was geht mich das an? Das müsst ihr unter euch ausmachen."

Schon wieder dieser Satz! Den kannte ich inzwischen doch zur Genüge! Und wieder einmal war ich verzweifelt und am Ende und brachte nicht den Mut auf, mich dagegen zu wehren. Wie schon so oft.

Ich fühlte mich ausgeliefert, abgestempelt und ausgenutzt.

Ich ahnte ja nicht, was mir noch alles bevorstand ...

Unsagbarer Schmerz

Als wäre das nicht schon genug gewesen: Anne wurde schwer krank und schwebte in Lebensgefahr.

Natürlich, wie nicht anders zu erwarten, gab meine Schwiegermutter auch daran mir die Schuld: Hätte ich sie besser versorgt und gepflegt, wäre das alles sicher nicht passiert und Anne wäre gesund geblieben.

Irgendetwas stimmt da nicht

Genau drei Wochen vor Annes Geburtstag – sie war fast drei – hatte ich ein seltsames Gefühl: Irgendetwas stimmt da nicht, irgendwie verhält meine Kleine sich anders.

Die meisten Mütter werden mich sofort verstehen, denn eine Mutter hat ein ganz sensibles und besonderes Empfinden für ihr Kind und merkt sehr schnell, wenn etwas nicht in Ordnung ist, sei es körperlich oder seelisch. Als Mutter hat man normalerweise eine tiefe, besondere Bindung zu seinem Kind und das ist auch gut so, denn damit ist man in der Lage, auf Ungewöhnliches oder Ungutes schnell zu reagieren.

Normalerweise war Anne ein sehr aufgewecktes, lebhaftes und fröhliches kleines Mädchen; aber auf einmal wirkte sie eher still, ja fast schon apathisch. Zunächst dachte ich an einen Infekt, schließlich war es Anfang Dezember und schon recht kalt; zu dieser Jahreszeit war es nicht ungewöhnlich, sich eine Erkältung einzufangen. Aber mein Bauchgefühl sagte mir: Irgendetwas stimmt hier ganz und gar nicht.

Sie ging auch nur noch selten auf die Toilette und wurde immer stiller. Ich machte mir Sorgen. Weil Wochenende war, beschloss ich, in die Notaufnahme der nächsten Uniklinik zu gehen; die Kinderklinik dort genoss einen sehr guten Ruf. Also packte ich Anne gut ein und wir fuhren hin.

Dort angekommen, wurden wir nach kurzem Warten in ein Behandlungszimmer geführt und Anne wurde vom Oberarzt der Kinderklinik untersucht. Sie hatte etwas erhöhte Temperatur; der Arzt machte noch ein paar Tests und Untersuchungen, konnte aber nichts Besonders feststellen.

Dieser Mitteilung folgte noch ein Satz, der mich tief traf: „Wenn Sie als ausgebildete Kinderkrankenschwester sich nicht in der Lage sehen, Ihr Kind zu Hause zu versorgen, können wir die Kleine natürlich auch stationär aufnehmen und weiter beobachten." Das wollte ich natürlich nicht auf mir sitzen lassen, traf er doch mit dieser Aussage einen sowieso schon wunden Punkt. Also zog ich Anne wieder an und wir fuhren nach Hause.

Mein komisches, ungutes Bauchgefühl war aber nicht beruhigt und schon gar nicht weg, nein, es blieb – wie auch das so andere, sehr ungewohnte Verhalten meiner Kleinen. Ja, es wurde schlimmer: Anne wurde zusehends stiller und apathischer, auch schied sie fast gar nichts mehr aus.

Aber der Kommentar des Oberarztes saß tief und ich wollte mir gewiss nicht nachsagen lassen, ich könnte mein eigenes Kind nicht pflegen und versorgen! Doch die Unruhe blieb und ich wusste einfach: Da stimmt etwas ganz und gar nicht.

„AN DIESEM KIND VERSÜNDIGE ICH MICH NICHT"

Ich wartete etwa zwei Tage ab, aber es wurde immer schlimmer: Jetzt schied Anne gar nichts mehr aus und ihre Beine fingen an, Wasser einzulagern, die Knöchel waren kaum noch zu sehen.

In die Uniklinik zu dem Oberarzt wollte ich nicht mehr, also suchte ich unseren Hausarzt auf, der kannte Anne von den Vorsorgeuntersuchungen und ich hatte großes Vertrauen zu ihm.

Die Arzthelferin wies mir gleich ein Behandlungszimmer mit Wickeltisch zu und forderte mich auf, Anne schon mal auszuziehen. Nicht lange, und der Arzt kam herein, trat an den Wickeltisch und schaute auf meine Kleine – aber nur kurz, dann sprang er förmlich zurück, streckte die Hände in die Luft und sagte: „Ich werde dieses Kind nicht anfassen und mich nicht an ihm versündigen. Packen Sie es sofort wieder ein und fahren Sie umgehend in die nächste Klinik."

Also zog ich meine Tochter wieder an und fuhr mit ihr zunächst nach Hause, um ein paar Sachen einzupacken für die Klinik; außerdem wollte ich Klaus anrufen, ob er bitte kommen und uns ins Krankenhaus fahren könne.

Bis dahin war Anne schon länger nicht mehr auf der Toilette gewesen, hatte also keinen Urin mehr ausgeschieden. Kaum waren wir daheim angekommen, sagte Anne: „Mama, ich muss mal Pipi."

Endlich! Welche Erleichterung! Ich setzte sie auf die Toilette und fing an, die Tasche zu packen. Als Anne rief: „Mama, ich bin fertig!", lief ich sofort ins Bad, um sie von der Toilette zu heben.

Aber was ich dann sah, ließ mir das Blut in den Adern gefrieren und ich bekam furchtbare Angst um meine kleine Tochter: Die Toilettenschüssel war voll von frischem Blut! Alles war mit hellrotem Blut verspritzt!

Mir gingen alle möglichen furchtbaren Gedanken durch den Kopf und alles Weitere ging wie unter Schock, ja, irgendwie mechanisch.

NICHT DIE NOTRUFNUMMER BLOCKIEREN …

Ich lief zum Telefon und rief sofort die 110 an, um einen Notarzt und den Rettungswagen zu bestellen.

Ich war sehr aufgeregt, mir liefen die Tränen übers Gesicht, so musste der Mann am Telefon mehrmals nachfragen; aber irgendwie schaffte ich es, ihm alles zu erklären und meine Adresse zu nennen, und er versprach, mir beides sofort zu schicken.

Ich legte auf, zog Anne und mir etwas an und wartete auf den Notarzt. Da, das Telefon! Es war der Mann von der Notrufzentrale: Das nächste Mal solle ich doch bitte nicht die Notrufnummer blockieren, die sei für wirklich dringende Fälle. Das nächste Mal könne ich den Krankenwagen direkt bestellen, unter der und der Nummer.

Kurz darauf klingelte es; erleichtert ging ich zur Tür, um den Notarzt hereinzulassen. Aber nein: Vor der Tür stand nur ein Fahrer mit einfachem Krankenwagen! Aber jede Diskussion hätte kostbare Zeit verschwendet, also holte ich meine Tochter und wir fuhren los.

Der Fahrer setzte mich und Anne hinten ins Fahrzeug, ich hielt sie auf dem Schoß. Die nächste Klinik mit Kinderstation war eine halbe Stunde entfernt.

Der Fahrer merkte schnell, dass hier Eile geboten war, er blickte ständig in den Rückspiegel und fragte nach, wie es der Kleinen gehe. Er hatte weder Funk noch Telefon (Mobiltelefone gab es noch nicht), die Zentrale hatte ihn einfach nur für einen Krankentransport losgeschickt.

Unterwegs verlor Anne zwei Mal das Bewusstsein. In mir stieg furchtbare Angst um mein Kind auf; auch der Fahrer wurde sichtlich nervös und fuhr, so schnell er nur konnte.

Endlich, nach einer gefühlten Ewigkeit, kamen wir in der Klinik an. Der Rettungswagenfahrer fuhr in die Einfahrt der Notaufnahme, stellte den Motor ab, eilte nach hinten, um die Tür zu öffnen, riss mir meine Tochter aus den Armen und rannte los, ich hinterher in den Wartebereich der Notaufnahme für Kinder.

Wie so oft war es dort brechend voll und es herrschte großer Betrieb. Der Fahrer wies mir einen letzten freien Stuhl zu, gab mir meine Tochter auf den Schoß und verschwand in die Anmeldung. Nach kürzester Zeit kam er zurück und teilte mir mit, ich solle hier warten, man würde mich holen; dann verabschiedete er sich und wünschte mir noch alles Gute für meine Kleine.

DIE DIAGNOSE

So saß ich da zwischen lauter schreienden Kindern, rufenden Müttern und umhereilendem Personal. Ich fühlte mich total verloren und war verzweifelt.

Anne wechselte immer wieder zwischen wach und bewusstlos und sah nun ziemlich aufgedunsen aus. Ich hatte furchtbare Angst und kam mir vor wie im falschen Film.

Das Personal und die Ärzte rannten ständig hin und her an uns vorbei. Wann kommen wir endlich dran? Mein Kind stirbt!

Wieder eilte ein Arzt in weißem Kittel vorbei. Nach ein paar Schritten blieb er wie angewurzelt stehen, drehte sich um, kam auf mich zu, warf einen Blick auf Anne und sagte sehr ernst: „Sofort mitkommen!"

Im Behandlungszimmer sollte ich sie sofort ausziehen; nebenher fragte er mich, wie lange sie schon in diesem desolaten Zustand sei, und fing dann an, sie zu untersuchen. Zügig nahm er noch Blut ab, um es sofort ins Labor zu schicken, und sagte mir dann, meine Tochter müsse vorerst zur Beobachtung auf die Intensivstation.

Während des weiteren Aufnahmeprozedere erklärte mir der Arzt, er war Oberarzt der Kinderstation, er habe eine Vermutung, woran meine Tochter leiden könnte. Davon gebe es zwei Arten, es könne gutartig sein – davon wollte er fürs Erste ausgehen und dann wäre es in ein paar Wochen vorüber und vergessen –, oder dann gebe es noch die bösartige Variante; aber jetzt wolle er erst mal die Blutwerte abwarten und dann würden wir weitersehen.

Anne bekam ein Zimmer auf der Intensivstation, sie wurde überall verkabelt und an den Monitor angeschlossen, zudem bekam sie Infusionen.

Jetzt war ich ein wenig beruhigt, endlich waren wir versorgt und man hatte sich um meine Anne gekümmert. Der Oberarzt und die Krankenschwestern waren sehr nett und sympathisch, was mir natürlich enorm guttat. Anne weinte und wollte nicht allein in das Krankenbett, so setzte ich mich darauf, lehnte mich an die Wand und hielt sie auf dem Schoß.

Ihr Köpfchen an meine Brust gelehnt, saß sie ziemlich schlaff da. Ich wartete auf das Laborergebnis und dass mein Mann käme, um mich zu unterstützen – der Fahrer hatte Gisela gesagt, wo er uns hinbringen würde. Als Anne eingeschlafen war, legte ich sie in das Bettchen. Mir waren mittlerweile Arme und Beine eingeschlafen und steif geworden – solange sie in meinen Armen lag, hatte ich nicht gewagt, mich zu rühren.

Ich setzte mich neben das Bettchen auf einen Stuhl und beobachtete meine Kleine. Nun kam Klaus und ich informierte ihn, dann warteten wir gemeinsam auf den Arzt und auf das Untersuchungsergebnis.

Endlich, das Warten hatte sich sehr lange angefühlt, kam der Oberarzt. Er begrüßte meinen Mann und forderte mich auf, mich wieder zu setzen. Bei dieser Aufforderung war mir sofort klar, was er uns nun mitteilen würde. Mir wurde übel und meine schlimmsten Befürchtungen wurden bestätigt:

„Es tut mir sehr leid, aber leider muss ich Ihnen mitteilen, dass Ihre Tochter doch die bösartige Form dieser Erkrankung hat."

Er erklärte uns die weiteren Behandlungsmöglichkeiten und Schritte und ließ uns dann allein.

Ich war natürlich in Tränen ausgebrochen und total aufgelöst. Hoffnungslos ließ ich meinen Gefühlen und Gedanken freien Lauf: „Ich weiß nicht, was ich mache und wie es weitergeht, wenn meine kleine Anne stirbt."

Klaus zuckte nur mit den Schultern: „Ja und, dann machen wir halt ein neues."

Unfassbar!

In meinem Inneren zerbrach etwas und hinterließ im Moment nur unsagbaren Schmerz, Trauer und Leere.

Klaus fuhr wieder nach Hause zu unserer großen Tochter Sarah, sie war knapp fünf Jahre alt und forderte immer noch viel Aufmerksamkeit und Zuwendung; gut, dass die Schwiegereltern im Haus waren! Der Opa hatte seine Freude an den Kindern und spielte hin und wieder mit ihnen.

Fast sieben Wochen lag Anne in der Kinderklinik, davon zwei Wochen auf der Intensivstation; und fast die ganze Zeit blieb ich bei ihr.

Anne litt an einer Nierenerkrankung, dem Nephrotischen Syndrom: Die Nieren behielten das im Körper benötigte Eiweiß nicht, damit der Körper es verwerten könnte, sondern schieden es kurzerhand aus, so erklärte mir der Arzt.

Das Nephrotische Syndrom beruht auf einer Schädigung der Nieren; die Nierenkörperchen funktionieren nicht mehr richtig, dadurch kommt es zu starkem Eiweißverlust über den Urin und Wassereinlagerungen im Gewebe (Ödem). Auf längere Sicht droht chronische Nierenschwäche bis hin zum Nierenversagen.

Damals, Anfang der 1990er-Jahre, hieß es, für diese Erkrankung gebe es keine Heilung, man könne nur die Symptome mildern; solche Kinder würden oft nicht älter als 13 bis 14 Jahre. Die Erkrankung tritt in Schüben auf, behandelt wurde sie hauptsächlich mit hochdosiertem Cortison und bei jedem Rezidiv nehmen die Nieren weiter Schaden. Viele Kinder kommen irgendwann an die Dialyse und brauchen schließlich eine Nierentransplantation, um weiterleben zu können.

SARAHS GENIALE LÖSUNG

Mit diesem Wissen begann für Anne und mich eine Odyssee von Schmerz, Leid und Not; dazu kam die schwierige Situation zu Hause, die sich durch meine Abwesenheit noch verschlimmerte.

Die ersten beiden Wochen blieb ich in der Klinik, um immer bei Anne zu sein, sie zu halten und zu trösten bei all den Blutentnahmen und den Untersuchungen, die für sie teilweise sehr schmerzhaft waren.

Von Klaus und Gisela bekam ich bittere und schlimme Vorwürfe – als hätte ich nicht schon schwer genug zu tragen: Ich sei eine Rabenmutter, schließlich hätte ich noch eine weitere Tochter, und die brauche mich doch auch; jetzt würde ich sie einfach vernachlässigen: „Was kümmerst du dich um dieses schwerkranke Kind, das stirbt sowieso. Komm nach Hause und kümmere dich um deine gesunde Tochter, die wird leben und sie braucht dich."

Ich war total zerrissen. Natürlich wusste ich, dass Sarah mich braucht, aber im Moment brauchte Anne mich dringender.

Die Ärzte und das Klinikpersonal bekamen meine häusliche Situation bald mit; sie unterstützten und ermutigten mich sehr, wofür ich wirklich dankbar war.

Entwicklungsverzögerung hin oder her – Sarah, meine Große, war schlau genug, eine Lösung zu finden: Wenn Anne, nur weil sie nicht auf die Toilette geht, ins Krankenhaus kommt und dort die Mama für sich hat, dann kann ich das auch …

Nun ja, das ist reine Spekulation; aber so könnte es durchaus gewesen sein, denn Sarah weigerte sich drei Tage lang, zur Toilette zu gehen und ihr großes Geschäft zu machen, was natürlich zur Folge hatte, dass sie starke Bauchschmerzen bekam. Bis heute ist es mir ein Rätsel, wie sie das geschafft hat.

Ich war gerade für eine Nacht nach Hause gefahren, um mal wieder richtig schlafen zu können, zu duschen und neue Wäsche zu holen. In dieser Nacht fing Sarah vor Bauchschmerzen an zu wimmern und zu weinen, schließlich schrie sie nur noch. Sarah reagierte auf keine Maßnahme – sie behielt sogar einen kleinen Einlauf –, deshalb packte ich sie ein, setzte sie ins Auto und fuhr noch in der Nacht zurück in die Klinik.

Dort berichtete ich dem Stationsarzt, was ich erlebt hatte. Sarah bekam daraufhin einen ordentlichen Einlauf, ging ein paar Mal auf die Toilette, entleerte sich gründlich – und war glücklich und zufrieden: Sie hatte erreicht, was sie wollte, durfte endlich auch bei mir sein. Die Ärzte zeigten großes Verständnis, wahrscheinlich haben auch sie noch lange gestaunt über unsere clevere Große.

Der Stationsarzt beruhigte mich: „Uns wird schon etwas einfallen, dass wir auch Ihre zweite Tochter stationär aufnehmen, dann können Sie hierbleiben und beide Kinder bei sich haben."

Die nächsten Tage waren recht entspannt; das war auch gut so, denn ich war ziemlich erledigt. Nach den zwei Wochen auf Intensivstation war Anne noch fünf weitere auf Normalstation. Dort bekam sie eine kleine Zimmergenossin.

Mit Sophie verstand sie sich sehr gut und wir genossen die Abwechslung. Sophie litt an der gleichen Erkrankung, allerdings an der gutartigen Variante.

Eine erfreuliche Nebenwirkung des Ganzen: Als meine Mutter davon erfuhr, entspannte sich unser Verhältnis ein wenig; sie besuchte uns sogar mehrmals in der Klinik. Leider hielt das aber nur kurz an.

MUTTER-KIND-KUR

Das Leben wieder zu Hause war sehr anstrengend. Ein halbes Jahr lang musste Anne sehr strenge Diät halten: sehr eiweißreich und ganz ohne Kochsalz. Ich musste alles genau abwiegen und aufschreiben, damit sie auch ganz sicher ihre Mindestmenge an Eiweiß bekam.

Wenn die Blut- und Urinwerte sich verschlechterten und so sich ein neues Rezidiv ankündigte, musste ihr wieder Cortison verabreicht werden. Dazu kam die Ungewissheit, ob sie wieder in die Klinik müsste oder ob das Cortison es richten konnte.

Es war für uns alle sehr herausfordernd, zumal meine Ehe am Zerbrechen war und auch vonseiten der Schwiegermutter wenig bis keine Unterstützung kam – im Gegenteil: Auch weiterhin machte sie mir Vorwürfe, ich war ja schuld an allem; ansonsten ignorierte sie mich.

Nach dem halben Jahr war ich körperlich und seelisch am Ende; zu der großen Sorge um Anne kam, dass Sarah sehr anstrengend und sensibel war und wieder angefangen hatte, ins Bett zu machen. Anlässlich einer Routineuntersuchung der beiden Kinder schickte der Arzt uns zur Mutter-Kind-Kur.

Nun folgten vier erholsame Wochen; ich konnte auftanken, nachdenken, Gespräche führen und Entscheidungen treffen.

Anne ging es in den vier Wochen gesundheitlich sehr gut, der Urin blieb sauber, also keine Eiweißausscheidung mehr. Sie erholte sich vom Klinikaufenthalt und war wieder das lebhafte, unternehmungslustige kleine Mädchen von früher. Was tat es mir gut, sie wieder so zu sehen und zu erleben! Dennoch war ich in ständiger Anspannung aus Angst vor dem nächsten Rezidiv.

Schon nach wenigen Tagen hörte Sarahs Bettnässen auf und sie entspannte sich sichtlich. Sie genoss es, mit den anderen Kindern zu spielen, und wurde viel selbstständiger und fröhlicher.

Auch mir ging es seit einer gefühlten Ewigkeit wieder einmal richtig gut. Ich lernte Menschen kennen und veränderte mein Äußeres – ich nahm Abschied von den langen Haaren und legte mir eine flotte Kurzhaarfrisur zu. Ich hatte Zeit für mich und konnte über mein Leben nachdenken und über unsere Situation. Ich konnte einfach mal Spaß haben mit meinen Kindern, durfte unbeschwert mit ihnen spielen und singen und freundete mich mit einigen anderen Frauen an. Es war ein sehr wohltuender und schöner Monat.

Die Entscheidungen? Im Grunde genommen war es eine einzige, aber die hatte es in sich: Ich würde mich von meinem Mann trennen und neu anfangen.

Am Tag meiner Heimkehr aus der Kur – es war mein Geburtstag, ich wurde dreißig – teilte ich ihm meine Entscheidung mit.

Neubeginn

Späte Einsicht und Rückenwind

Ich brauchte ein paar Monate, um meinen Entschluss umzusetzen. Als Klaus begriff, dass es mir Ernst war mit der Trennung, versprach er mir fast alles, wollte mich mit großartigen Reisen zum Bleiben überreden und mit wer weiß was für Versprechungen und Anschaffungen. Meine Schwiegermutter bot uns Geld an, damit wir woanders wohnen könnten.

Späte Einsicht, Gisela – aber für mich kam sie zu spät, hatte ich doch all die Jahre genau dies immer versucht und Klaus immer wieder gebeten, auszuziehen und neu anzufangen, ohne seine Mutter; darauf hatte er immer nur geantwortet, ich wisse ja, wo die Koffer stehen, ich könne jederzeit gehen, er aber würde dieses Haus niemals verlassen. Das kurze Schwanken gab sich schnell wieder, meine Entscheidung stand fest.

Er verfiel vom Bitten ins Drohen, wünschte mir den Tod oder dass ich irgendwie umkomme, besser tot als von ihm getrennt ... Hätte er mich noch einmal neben sich im Auto sitzen, würde er dieses an den nächsten Baum setzen. Er wünschte mir die Hölle auf Erden – und sollte ich sie nicht haben, würde er dafür sorgen, dass ich sie bekäme (was er später in jeder Hinsicht versuchte, in die Tat umzusetzen).

Die letzten Wochen vor dem Auszug waren sehr nervenaufreibend und zermürbend; dazu musste ich gegen meine Zweifel und Ängste kämpfen. Ob ich es wohl schaffen würde? Meine Schwester Karin half mir beim Packen.

Mehrfach war ich kurz davor, einen Rückzieher zu machen, dann ermutigte sie mich, ich hätte die richtige Entscheidung getroffen. Außerdem verkündete sie, um mir Rückenwind zu geben: Falls ich doch bleiben würde, müsse ich allein wieder auspacken, dabei würde sie mir gewiss nicht helfen.

Auch später unterstützte Karin mich sehr und war für mich da, wenn ich verzweifelt war und mich einsam fühlte. Oft fuhr ich dann zu ihr oder sie holte mich und ich verbrachte ein paar Tage bei ihr. Bis heute haben wir ein sehr inniges Verhältnis zueinander, sie ist meine Familie.

Am letzten Abend, alles war gepackt, bekam ich es mit der Angst zu tun: War ich nicht im Begriff, einen großen Fehler zu begehen? So fuhr ich zu meiner Mutter und ihrem Mann, um erstens nicht bei Klaus sein zu müssen, und zweitens, um mir Rat zu holen. Ich war kaum angekommen, da sagte meine Mutter auch schon, ich solle doch bei meinem Mann bleiben, da wäre ich versorgt, es würde schon wieder werden.

Kaum hatte sie das ausgesprochen, schlug mein Stiefvater mit der Faust auf den Tisch und verbot ihr den Mund. Nun hatte er die volle Aufmerksamkeit; denn es war so gar nicht seine Art, so zu reagieren, war er doch eher ruhig und besonnen, nie laut oder aggressiv. Dann wandte er sich an mich: „Du hast deine Entscheidung getroffen, es ist gepackt und jetzt ziehst du es durch." Genau das hatte ich in diesem Moment gebraucht; Karin, die auch gerade da war, bestätigte seine Worte. Ich bin ihm heute noch dankbar; ohne diese Reaktion, gerade von ihm, wäre ich an jenem Abend umgekippt und wäre wohl geblieben.

STARTHILFE

Nun war ich Alleinerziehende mit zwei kleinen Kindern, davon eines schwerkrank und das andere entwicklungsverzögert: Welch riesige Herausforderung! Mitunter im wahrsten Sinne des Wortes überwältigend.

Aber die Not, die mich dazu getrieben hatte, die Ablehnung im Hause, die war noch größer – sie hätte mich in den Selbstmord getrieben, wären meine beiden Töchter nicht gewesen und hätte Gott nicht schon damals seine Hand über mich gehalten.

Damit es ein wirklicher Neuanfang wurde, außerhalb der Reichweite von Schwiegermutter und meinem Mann, beschloss ich, in eine andere Stadt zu ziehen, anderthalb Autostunden entfernt. In der Kur hatte ich eine Frau von dort kennengelernt; Jutta lud mich ein, die ersten Wochen bei ihnen zu wohnen, und dank ihrem Mann fand ich schnell eine Wohnung.

Die Müllers halfen mir sehr über die ersten Hürden in meinem neuen Umfeld; auch gaben sie mir ein zinsloses Darlehen, damit ich unsere Wohnung einrichten und renovieren konnte. Auch eine Waschmaschine musste ich anschaffen, denn außer dem Kinderzimmer und unserem persönlichen Eigentum durfte ich nur die Hälfte von Geschirr und Küchengeräten mitnehmen.

Zwar hatte ich mein ganzes Geld inklusive ausgezahltem Bausparvertrag in unsere Wohnung gesteckt; aber Klaus sagte, ich hätte schließlich das Auto, und zum Streiten hatte ich keine Kraft mehr. Ich wollte nur noch weg und neu anfangen.

„DAS HAST DU DIR SELBER EINGEBROCKT, GEH ZU DEINEM MANN ZURÜCK!"

Anne ging es glücklicherweise die ganze Zeit recht gut, sie hatte nur kleinere Rezidive, was mir ja immer am meisten Kummer bereitete.

Sarah blühte förmlich auf, sie lebte sich rasant schnell ein in ihrer neuen Umgebung, war fröhlich und entwickelte sich ausgezeichnet. Freunde, die sie von vorher kannten, meinten, sie habe sich zu 180 Grad gedreht, zu ihrem Vorteil natürlich. Sarah war tatsächlich nicht mehr wiederzuerkennen, ein ganz anderes Kind.

Das tat gut – beides, das Lob und die Veränderung meines Kindes. Trotzdem war es für mich eine sehr schwere Zeit mit vielen inneren Kämpfen, Herausforderungen und Zweifeln. Auch Mangel erlebt ich.

Mein Mann versuchte mir zu schaden und mich zu schwächen und zum Aufgeben zu bewegen, wo immer er konnte. Er machte mir weiter schwere Vorwürfe; wenn die Kinder bei ihm waren, versuchte er, sie gegen mich aufzuhetzen, und kritisierte an allem herum – wie die Kinder untergebracht und wie sie angezogen waren – oder er unterstellte mir, bei mir würden die Männer sich die Türklinke in die Hand geben und das schade den Kindern.

Ständig bekam ich von seinem Anwalt irgendwelche Briefe mit haltlosen Anschuldigungen und Drohungen; ich fürchtete schon den Gang zum Briefkasten. Zeitweise zahlte er nicht den ausgemachten Unterhalt, was mich zwang, nebenbei arbeiten zu gehen, um unseren Unterhalt zu bestreiten und vor allem, damit ich die Miete bezahlen konnte.

Natürlich machte er mir auch das zum Vorwurf: Ich würde die Kinder vernachlässigen; ich hätte ja bei ihm bleiben können, aber ich würde es nun mal nicht anders wollen. Immer wieder dasselbe ... Manchmal hatte ich das Gefühl, dass ich es nicht schaffe; aber Aufgeben und Zurückgehen, das kam nie in Frage.

Einmal war das Geld so knapp, dass es nur noch für die Grundnahrungsmittel reichte – Brot und Milch für die Kinder. Da kam auch noch eine Rechnung wegen irgendeiner Nachzahlung. In meiner Not rief ich meine Mutter an und bat sie um 150 DM. „Das hast du dir selber eingebrockt, nun sieh zu, wie du zurechtkommst. Mir hat auch nie jemand geholfen. Geh zurück zu deinem Mann!"

An solchen Tagen wünschte ich mir, ich wäre nicht geboren worden; aber meine beiden Mädchen ließen mich immer irgendwie weitermachen und natürlich der Hunger nach Annahme und Liebe, nach Leben sowie die Hoffnung, dass irgendwann alles besser wird für uns, für mich.

Was war ich froh, dass ich meine Ausbildung zur Kinderkrankenschwester abgeschlossen hatte! So konnte ich stundenweise in meinem Beruf arbeiten.

Jutta nahm solange die Mädchen, das ging bei ihr allerdings nur nachts und sonst kannte ich noch niemanden; deshalb machte ich stundenweise Nachtdienst, meistens am Wochenende. Das war mühsam, denn dann war ja der Kindergarten geschlossen; so holte ich morgens nach dem Dienst die beiden Ausgeschlafenen ab und suchte sie etwas zu beschäftigen, um wenigstens zu ein bisschen Schlaf zu kommen – eine Stunde am Stück war ein Glücksfall, oft brauchten sie mich schon nach einer halben Stunde wieder.

ERMUTIGUNG

Einmal waren wir gemeinsam einkaufen, Sarah, Anne und ich – wie meistens: nur das Nötigste –, da sagte Anne: „Ach, Mama, ich würde so gerne mal wieder Camembert aufs Brot essen", und Sarah fügte hinzu: „Und ich Nutella." Ich kaufte beides und hatte zwei vor Freude strahlende Töchter!

Daran erinnere ich mich sehr gerne; die beiden waren trotz unserer angespannten Lage dennoch so unkompliziert und für ihr junges Alter richtig einfühlsam, das tat mir sehr gut.

Sarah und Anne hatten gehört, dass Jahrmarkt war, und baten mich, ob wir nicht hingehen könnten. Mir brach es fast das Herz, aber solche Ausgaben konnte ich mir beim besten Willen nicht leisten. Doch zwei erwartungsvolle Augenpaare schauten mich an – nein, ich brachte es nicht übers Herz, ihnen diesen Wunsch zu verwehren.

Also zogen wir uns an und gingen los. Die ganze Zeit überlegte ich, wie ich dann den Rest des Monats bewältigen sollte; andererseits tat mir die Vorfreude der beiden gut, etwas Leichtigkeit und Sorglosigkeit konnte ich durchaus brauchen.

Kurz bevor wir dort waren, kniete ich mich zu ihnen, nahm sie in die Arme, erklärte ihnen ganz ehrlich auf kindgerechte Weise unsere finanzielle Situation und schloss mit den Worten: „Jeder von euch beiden darf einmal Karussell fahren und sich eine Süßigkeit aussuchen."

Sie hatten sehr aufmerksam zugehört, und nun gingen wir über den Jahrmarkt. Es war ein buntes Treiben und immer wieder blieben wir stehen, um uns die Fahrgeschäfte anzuschauen.

Es roch nach Bratwurst, nach Zuckerwatte und vielem anderen, es konnte einem schon das Wasser im Mund zusammenlaufen bei so vielen Leckereien und Gerüchen.

Wir hatten schon fast alles angeschaut, aber immer noch hatte keine meiner Töchter irgendeinen Wunsch geäußert. Auf meine Frage, ob sie denn gar nichts fahren möchten, gaben sie mir zur Antwort: „Weißt du, Mama, wir wollen uns erst alles anschauen und dann entscheiden wir, was wir fahren wollen." Ich war zu Tränen gerührt, waren sie doch gerade mal vier und sechs Jahre alt.

Beide wollten sie ins Kinderkarussell, Anne auf ein Pferdchen und Sarah in ein Auto. Danach kauften wir noch jeweils eine Halskette aus bunten Zuckerperlen zum Abbeißen und machten uns wieder auf den Heimweg. Sie waren so glücklich und zufrieden! Die Abwechslung hatte uns allen sehr wohlgetan. Das werde ich wohl niemals vergessen, wie war ich stolz auf meine beiden Kleinen!

Damals kannte ich meinen Herrn Jesus immer noch nicht, aber er sah unsere Situation, meinen Schmerz und Mangel und vor allem das Herz meiner beiden Töchter – und er schenkte uns eine große Extrafreude:

Kaum hatten wir den Jahrmarkt verlassen, kam uns Jutta mit ihren beiden Kindern entgegen und lud uns ein: „Mein Mann hat mir gerade hundert Mark gegeben und uns auf den Jahrmarkt geschickt. Wollt ihr nicht nochmal mitkommen? Das Geld reicht für uns alle."

Na klar, dafür hatten wir allemal Zeit! So durften Sarah und Anne noch ein paarmal Karussell fahren und wir aßen alle eine Bratwurst.

Total glücklich und dankbar gingen wir danach heim, meine beiden Töchter strahlten und auch ich hatte ein wenig abschalten und entspannen können.

Solche Erlebnisse ermutigten mich und gaben mir immer wieder Kraft, weiterzugehen.

EINER, DER MICH SIEHT UND ZU MIR STEHT!

Den Neubeginn hätte ich gerne umfassender gehabt – mir blieben ja die alten Wunden: das Gefühl, nicht geliebt, gesehen und angenommen zu sein, und dazu das Gefühl, richtig versagt zu haben. Ich fühlte mich schlichtweg minderwertig und ungeliebt; zwar konnte ich es einigermaßen verdrängen und überdecken durch Aktionismus und die Sorge um meine Töchter, aber die Sehnsucht danach, geliebt und angenommen zu sein, nagte dennoch sehr an mir. Manchmal hatte ich das Gefühl, dass mir alles über den Kopf wächst.

Wenn dann obendrein wieder mal unangenehme Briefe in der Post waren oder der Geldmangel mir zusetzte … Manchmal wusste ich schlichtweg nicht, wie es weitergehen sollte.

An solch einem Tag, es war ein Samstag, ging ich mit meinen beiden Mädchen in die Stadt auf den Wochenmarkt. Zwar konnte ich es mir nicht leisten, dort einzukaufen; aber es war einfach schön, die Stände mit frischem Obst, Gemüse und Blumen anzuschauen und dazwischen hindurchzuschlendern: Die Farben und Gerüche, das Treiben und Rufen tat mir gut und lenkte mich ein wenig ab.

Plötzlich ließ mich etwas aufhorchen: Da lief Musik, aber nicht irgendwelche, sondern da war mitten auf dem Markt eine Bühne aufgebaut.

Darauf standen Kinder und Jugendliche und sangen Lieder und tanzten einen Ausdruckstanz. Sie wirkten fröhlich, irgendwie fand ich das anziehend.

Und sie sangen von Jesus Christus, von einem Gott, der die Menschen liebt und sie so annimmt, wie sie sind. Von einem Gott, der mich kennt und mich sieht!, von seiner Liebe zu mir, zu mir persönlich, von seiner Güte und Barmherzigkeit, von Freude, Frieden, Vergebung ...

Ich blieb stehen, eine Tochter links an der Hand, die andere rechts, und die Tränen liefen mir in Strömen übers Gesicht.

All das, wonach ich mich so sehr sehnte: Ich wollte doch einfach nur geliebt werden, jemanden haben, der mich liebt und mich annimmt, so wie ich bin, der für mich da ist, mich sieht und zu mir steht – all das hörte ich jetzt.

All das sollte es wirklich für mich geben, *für mich?*

Fasziniert sog ich alles in mich auf – jedes Wort, das sie sprachen, jedes Lied, das sie sangen – und weinte, weinte, weinte. All meine Sehnsucht und mein Mangel brachen sich in meinen Tränen Bahn.

In einer Pause sprach ich die Jugendlichen an und fragte sie geradeheraus, wo ich das alles bekommen könnte. Was ich dafür tun müsse ... Sie luden mich dann für den nächsten Tag zum Gottesdienst in ihre Kirche ein. Das dauerte mir aber zu lange, ich wollte nicht bis morgen warten! Also ging ich gleich dorthin – um genau dasselbe noch einmal zu hören: Ich solle doch morgen kommen.

Am nächsten Morgen erwachte ich früh und konnte es kaum erwarten, bis es Zeit war, aus dem Haus zu gehen.

Mit meinen beiden Töchtern ging ich dann in den Gottesdienst. Da ich am Vortag schon kurz da gewesen war, begrüßte man mich gleich sehr freundlich und wies mir einen Platz zu.

Eine liebe Frau fragte mich, ob die Kinder vielleicht mit in die Kinderstunde wollten; dort könnten sie spielen und Lieder singen, es gebe auch ein kleines Frühstück. Da sie zu zweit waren, gingen sie gerne mit; kurz begleitete ich sie noch, dann saß ich wieder voller Erwartung im großen Saal.

Das Thema der Predigt habe ich vergessen, aber da waren wieder diese Lieder und Texte, die mein Herz so bewegten und meine Sehnsucht ansprachen. Vage erinnere ich mich noch, dass jemand „ein Wort" hatte: Da schwebe jemand wie ein Adler und suche einen Landeplatz, suche Nahrung und Gemeinschaft.

Das war für mich! Gleich nach dem Gottesdienst suchte ich das Gespräch mit der Pastorin, hatte ich doch so viele Fragen. Margit hörte mir sehr aufmerksam zu und gab mir einige Antworten; dann fragte sie mich, ob ich diesen Jesus kennenlernen wolle und ihm mein Leben geben, mein Herz und alles, was mich betreffe? Nur er könne meinen Schmerz und meine tiefsten Sehnsüchte stillen, nur er könne mich heil machen.

Dann sprach sie mit mir ein Gebet; mit diesem Gebet nahm ich Jesus Christus in mein Herz auf. Ich bat ihn, mir zu vergeben und mein Herr zu sein. Augenblicklich spürte ich in mir einen nie dagewesenen Frieden und große Hoffnung, dass es auch für mich noch etwas Gutes gibt, dass mein Leben noch einen Sinn, eine Zukunft hat.

Dann holte ich Sarah und Anne aus der Kinderstunde.

Ihre Augen glänzten! Schließlich machten wir uns glücklich auf den Heimweg. Mich erfüllten ein lang entbehrter Friede und neue Hoffnung. Seit langer Zeit hatte ich wieder Freude im Herzen, konnte wieder lachen und fröhlich sein. Es war eine wahrhafte Erlösung und Befreiung, ein echter Neuanfang!

DAS BEDEUTET ABER:

WER MIT CHRISTUS LEBT,

WIRD EIN NEUER MENSCH.

ER IST NICHT MEHR DERSELBE,

DENN SEIN ALTES LEBEN IST VORBEI.

EIN NEUES LEBEN HAT BEGONNEN!

DIESES NEUE LEBEN KOMMT ALLEIN VON GOTT,

DER UNS DURCH DAS, WAS CHRISTUS GETAN HAT,

ZU SICH ZURÜCKGEHOLT HAT.

2. KORINTHERBRIEF 5,17–18 NLB

Jetzt lernte ich viele nette Menschen kennen und gehörte endlich irgendwo dazu – man nahm mich an, wie ich war. Für mich war es wie ein Zuhause, das ich nie wirklich gehabt hatte. Ich fühlte mich nicht mehr so einsam und allein. Jetzt hatte auch ich eine Familie, die sich freute, wenn ich kam, die mich besuchte und mich unterstützte, es war nur wunderbar! Ich genoss es in vollen Zügen und wusste: Jetzt kommt auch alles andere in Ordnung.

Das war meine Neugeburt in Jesus Christus. Der erste und wichtigste Schritt war getan; nun lag ein sehr langer Weg der Heilung, Vergebung und Wiederherstellung vor mir, für mich persönlich und auch für meine beiden Töchter.

WIE EIN NIMMERSATT

Von da an ging ich jeden Sonntag zum Gottesdienst, nichts hätte mich davon abhalten können. Voller Erwartung verschlang ich förmlich jedes Wort der Predigt, dadurch bekam ich viel Führung für mein Leben sowie Veränderung und Heilung meiner Seele. Zu Hause kramte ich eine alte Bibel aus dem Regal und fing an zu lesen – wie ein Nimmersatt, ich konnte gar nicht genug bekommen.

Es war eine Lutherbibel, und mein erstes Wort, das Gott mir geschenkt hat, steht im Buch Hiob; es ist mir tief ins Herz gefallen:

IN SECHS TRÜBSALEN WIRD ER DICH ERRETTEN,

UND IN SIEBEN WIRD DICH KEIN ÜBEL ANRÜHREN.

HIOB 5,19 LUT

Vor dem Buch Hiob hatte ich keine Berührungsängste, im Gegenteil: Ich fühlte mich verstanden und konnte ihm nachfühlen. Hiob kannte Schmerz und Leid – und ich wusste sofort: Hier spricht Gott zu mir.

Allerdings kannte ich mich mit der Bibel noch gar nicht aus; nachdem ich die paar Verse gelesen hatte, schlug ich sie wieder zu – ohne ein Lesezeichen hineinzulegen oder die Fundstelle notiert zu haben. Als ich es nachlesen wollte, wusste ich natürlich nicht mehr, wo ich suchen musste, und war recht enttäuscht.

In meiner Not bat ich Gott, mir doch zu helfen und mir zu zeigen, wo dieser Vers stand. Dann schlug ich die Bibel aufs Geratewohl auf – und da standen die Verse und leuchteten mir entgegen! Wow!

Ich war begeistert, so begeistert, dass ich bei der nächsten Gelegenheit Margit davon erzählte. Von da an fragte sie mich, wenn ich eine Not hatte oder es mir überhaupt nicht gut ging, jedes Mal: „Und, Diana, die wievielte Trübsal ist das jetzt?"

Ich glaube, die Entscheidung, Jesus mein Herz, mein Leben zu geben, war die beste Entscheidung, die ich bis dahin getroffen hatte! Nun ja, *meine* Entscheidung ... Eigentlich hat ja Gott mich erwählt und zu sich gezogen, ich brauchte nur mein Ja zu geben.

> VON FERNE HER IST MIR DER HERR ERSCHIENEN:
> MIT EWIGER LIEBE HABE ICH DICH GELIEBT;
> DARUM HABE ICH DICH ZU MIR GEZOGEN
> AUS LAUTER GNADE.
> JEREMIA 31,3

ANSTECKEND

Alles, was ich in der Bibel las, wollte ich sofort umsetzen und anwenden. Zum Beispiel las ich, dass man sich taufen lassen solle, wenn man an Jesus glaubt. Also ließ ich mich so schnell wie möglich taufen! Ich war so begeistert von Jesus Christus und wollte mich ihm ganz und gar hingeben; ich wollte einfach alles, was er für mich hatte und was ich erkannt hatte.

Margit sagte mir häufig, ich sei ein Senkrechtstarter. Manchmal musste man mich bremsen und ermahnen, immer nur einen Schritt nach dem anderen zu gehen. Aber das tat der bis dahin nicht gekannten Freude und Hoffnung, die auch andere ansteckte, keinen Abbruch.

An einem Wochenende war ein Evangelist bei uns; der fragte Margit, wer denn diese fröhliche und unbeschwerte junge Frau sei, es sei eine wahre Freude, sie zu beobachten. Als sie ihm dann in wenigen Sätzen meine Geschichte schilderte, war er sprachlos und wollte es fast nicht glauben: „Wer gerade so etwas hinter sich hat, der kann doch nicht so glücklich sein – das kann nur der Herr getan haben."

Natürlich hatte ich noch einen langen und teils schweren Weg vor mir, aber ich fürchtete mich nicht mehr vor der Zukunft, sondern hatte Hoffnung, Freude und Frieden in mir. Es würden sicher noch viele herausfordernde Zeiten kommen, aber ich wusste: Gott ist an meiner Seite und hinter mir steht eine wunderbare Gemeinde.

Mit jedem neuen Schritt, den ich tat, besonders mit jedem Entschluss, denen zu vergeben, die mich so sehr verletzt oder missbraucht hatten (konkret und einzeln), wurde ich freier. Mehr und mehr konnte ich nicht nur glauben, sondern spüren und erfahren, dass auch ich wichtig bin, wertvoll und von Gott gewollt.

Dieser Weg ist noch nicht abgeschlossen, aber ich bin schon ein großes Stück vorangekommen und ich bin immer noch neugierig und begeistert, was mein wunderbarer Herr wohl noch für mich bereithält.

DIE „STRAHLEFRAU"

Ich wurde in einen Hauskreis aufgenommen und es entstanden viele herzliche Freundschaften. Wenn ich sonntags in den Gottesdienst kam, wurde ich begrüßt mit den Worten: „Die Strahlefrau kommt!"

Äußerlich hatte sich an meiner Situation noch nichts verändert; dennoch war mir wohl anzusehen, dass Jesus jetzt mein Leben, meine Liebe war. Darüber freute ich mich und genoss es.

Gott sieht so viel weiter: Etliche Jahre später bekam ich ein prophetisches Wort, in dem ich mit „strahlender Stern" angesprochen wurde; nun erkannte ich auch, dass selbst mein Name kein Zufall war. Am Anfang meines Christenlebens hatte ich mit dem Namen „Diana" meine liebe Mühe gehabt – Diana war bei den Römern die Göttin der Jagd und der Fruchtbarkeit und manche Christen stellen sie auf eine Stufe mit Isebel. (Isebel war eine böse Königin gewesen; sie war machthungrig und inszenierte sogar einen Justizmord, um ihren Willen durchzusetzen, es ging um ein Grundstück. Bis heute lassen sich Menschen dazu hinreißen, in diesem Geiste zu handeln.)

Im Lateinischen bedeutet mein Name Diana „Die wie das Licht Glänzende". Genau das möchte ich sein: die wie Jesus Glänzende, der ja das Licht in Person ist. Ich möchte ein Lichtträger sein, ein Hoffnungsbringer; was ich selbst an Wohltaten erfahren habe, das möchte ich weitergeben, meinem Herrn zur Ehre. Und ich habe von ihm so viel Gutes erfahren, ich und auch meine Kinder!

Sarah und Anne gingen gerne mit zur Gemeinde, in der Kinderstunde fühlten sie sich sehr wohl – und wir liebten den Lobpreis (am Anfang des Gottesdienstes sangen wir Lieder zu Gott, anschließend gingen die Kinder ins Kinderprogramm). Mitunter standen wir im Discounter an der Kasse und mussten warten – und sie fingen einfach an, lauthals Lobpreislieder zu singen.

Mir war das eher unangenehm, aber ich ließ sie gewähren, so natürlich und begeistert, wie sie waren. So haben auch sie für Jesus geleuchtet.

Die Bibel, das Wort Gottes, faszinierte mich, ich las die Geschichten und Berichte und sog alles in mich auf. Im Hauskreis stellte ich viele Fragen und ließ ziemlich oft für mich beten. Was ich im Wort Gottes las und was mich in meinem Herzen berührte, das wollte ich alles umsetzen.

Mittlerweile hatte sich unser Alltag gut eingespielt: Auch in der Nachbarschaft hatte ich nette Leute kennengelernt; und tagsüber, wenn die Kinder im Kindergarten waren, betreute ich stundenweise erst Juttas Großmutter, später ihren Großvater. So konnte ich mir ein wenig dazuverdienen; notfalls konnte ich auch mal eine meiner Töchter mitnehmen.

Oft musste ich einfach nur da sein, damit meine betagten Schützlinge nicht allein waren; so konnte ich auch dort meine Bibel studieren – inzwischen hatte ich mir eine neue besorgt.

VERSORGUNG UND MATERIELLER SEGEN

An einem Sonntag ging es in der Predigt um den „Segen des Gebens", ausgehend von der Episode mit dem „Scherflein der Witwe":

> Und Jesus setzte sich dem Opferkasten gegenüber und schaute zu, wie die Leute Geld in den Opferkasten legten.
>
> Und viele Reiche legten viel ein.
>
> Und es kam eine arme Witwe, die legte zwei Scherflein ein, das ist ein Groschen.
>
> Da rief er seine Jünger zu sich und sprach zu ihnen: Wahrlich, ich sage euch: Diese arme Witwe hat mehr in den Opferkasten gelegt als alle, die eingelegt haben.
>
> Denn alle haben von ihrem Überfluss eingelegt; diese aber hat von ihrer Armut alles eingelegt, was sie hatte, ihren ganzen Lebensunterhalt.
>
> Markus 12,41–44

Ich war ganz Ohr, sprach es doch genau in meine Situation hinein. Ich konnte mit dieser armen Witwe so mitfühlen!

ALLES, WAS ICH HABE

An Einzelheiten kann ich mich nicht mehr erinnern, aber den Abschluss bildete ein Aufruf zum Geben mit der Aufforderung, Gott zu vertrauen, dass er für unseren Lebensunterhalt sorgt; dann wurde die Opferschale herumgereicht. Mir wurde heiß und kalt zugleich: In meinem Geldbeutel war nur noch ein Fünfzigmarkschein. Das war alles, was ich für den Rest des Monats für uns drei noch zum Leben hatte, und der Monat war noch nicht mal zur Hälfte um!

Die Opferschale kam immer näher und in mir war ein Ringen: Was sollte ich tun? Sollte ich sie einfach weiterreichen oder vielleicht den Schein wechseln? Dann könnte ich die Hälfte geben und hätte noch etwas für uns. Eigentlich kannte ich die Antwort schon; dennoch rang ich mit mir: Und wenn ... Von was sollten wir dann leben?

Aber ich beschloss: Ja, ich will meinem Herrn vertrauen und seinen Segen sehen, den er für mich hat. Also legte ich wie diese Witwe in der Bibel den Fünfziger in die Opferschale, alles, was ich hatte!

So, jetzt war ich sehr neugierig, was Gott tun und wie er mich versorgen würde; gleichzeitig fürchtete ich mich davor, meine Töchter nicht ordentlich versorgen zu können und womöglich betteln zu müssen.

„GEBT, UND IHR WERDET BEKOMMEN"

Was ich dann erlebte, das überstieg meine kühnsten Erwartungen! Noch am selben Tag, gleich nach dem Gottesdienst, wurden wir drei von meinem Hauskreisleiter und seiner Frau ins Restaurant eingeladen.

Essen im Restaurant, das war jenseits aller meiner Träume! Zunächst wollte ich gar nicht mitgehen, erstens hatte ich kein Geld und für so etwas schon gar nicht, zweitens konnte ich nicht so recht glauben, dass sie das wirklich so meinten. Erst nachdem sie mir erklärt hatten, sie lüden mich ein und würden alles bezahlen, stimmte ich zu.

Aber das war nur der Anfang: Beim Essen teilten sie mir mit, dass nun jedes Mal, wenn sie nach dem Gottesdienst essen gehen würden, ich und die Kinder eingeladen wären. Wow! Das konnte ich kaum glauben! Und sie fügten noch hinzu, ich solle nicht auf den Preis schauen, sondern das aussuchen, worauf wir Lust hätten. Ich muss zugeben: Das fiel mir nicht leicht.

Seit jenem Gottesdienst, seit diesem Akt des Vertrauens, habe ich nie wieder Mangel an Finanzen oder anderem Materiellem gehabt. Ich habe genau das erlebt, was Jesus versprochen hat:

> GEBT, UND IHR WERDET BEKOMMEN.
> WAS IHR VERSCHENKT, WIRD ANSTÄNDIG,
> JA GROSSZÜGIG BEMESSEN, MIT BETRÄCHTLICHER ZUGABE
> ZU EUCH ZURÜCKFLIESSEN.
> NACH DEM MASS, MIT DEM IHR GEBT,
> WERDET IHR ZURÜCKBEKOMMEN.
> LUKAS 7,38 NLB

Gott hat mich immer versorgt, auch durch finanzielle Zuwendungen: Mal wurde mir Geld zugesteckt, mal lag etwas im Briefkasten.

Oder jemand brachte mir einen Korb voll Lebensmittel und anderem, was der Mensch so braucht – von Apfel bis Zahnpasta.

Einmal hatte mein Auto einen Totalschaden und jemand schenkte mir ein anderes.

Eine Freundin schenkte mir sogar einmal einen Urlaub mit sich zusammen, für ein paar Tage fuhren wir in die Schweiz. (Wer sich in dieser Zeit um die Kinder gekümmert hat, davon erzähle ich später.)

Ein Ehepaar hatte eine Erbschaft gemacht und empfand, sie sollten mir den Zehnten davon geben. Es waren mehrere tausend DM – exakt die Summe, die nötig war, um meine Umzugs- und Neuanfangs-Schulden zu begleichen!

So erlebte ich Gottes wunderbare Versorgung und er segnete mein Vertrauen, das ich auf ihn setzte, als ich wie die Witwe alles gab, was ich hatte.

DIE FALLE

Doch da gibt es jemanden, dem das gar nicht gefällt, wenn Gott uns segnet; er versucht alles, um diesen Segen zu stoppen. Jesus sagte:

> EIN DIEB WILL RAUBEN, MORDEN UND ZERSTÖREN.
>
> ICH ABER BIN GEKOMMEN, UM IHNEN DAS LEBEN
>
> IN GANZER FÜLLE ZU SCHENKEN.
>
> JOHANNES 10,10 NLB

Diesem „Dieb" sind wir nicht wehrlos ausgeliefert; die Bibel fordert uns auf, ihm Widerstand zu leisten:

So unterwerft euch nun Gott!
Widersteht dem Teufel,
so flieht er von euch.

Jakobus 4,7

Einmal wäre ich ihm beinahe in die Falle getappt: Als ich selber noch Mangel hatte, lieh ich dennoch einer Nachbarin immer wieder kleinere Geldbeträge. Sie war ebenfalls alleinerziehend, ihre Tochter war schon Teenager, und zudem konnte sie kaum gehen. Wir hatten uns etwas angefreundet und sie tat mir sehr leid.

Ich fuhr sie öfter zum Arzt oder wo immer sie einen Termin hatte und lieh ihr auch immer wieder Geld; jedes Mal versprach sie, es mir bei nächster Gelegenheit zurückzugeben, diese Gelegenheit war aber noch nie eingetroffen. Inzwischen waren es einige hundert Mark.

An dem Tag, an dem ich den Erbschaftszehnten geschenkt bekommen hatte, also mehrere Tausender, kam mir meine liebe Nachbarin in den Sinn.

Am Abend rief ich sie an und forderte mein Geld zurück, die paar Hunderter. Sie fing an zu weinen und versprach mir – wie schon so oft –, sie würde es mir zurückgeben, sobald sie wieder Geld hätte.

In diesem Moment fiel mir eine Geschichte aus der Bibel ein und ich war entsetzt über meine Unbarmherzigkeit – war ich doch gerade so reich gesegnet worden, ohne dass ich irgendetwas dazu getan hätte, ich hatte nicht einmal Gott darum gebeten!

Hier ist die Geschichte, Jesus selber hat sie erzählt:

Denn mit Gottes himmlischem Reich ist es wie mit einem König, der mit seinen Verwaltern abrechnen wollte.

Als Erstes wurde ein Mann vor den König gebracht, der ihm einen Millionenbetrag schuldete. Aber er konnte diese Schuld nicht bezahlen.

Deshalb wollte der König ihn, seine Frau, seine Kinder und seinen gesamten Besitz verkaufen lassen, um wenigstens einen Teil seines Geldes zurückzubekommen. Doch der Mann fiel vor dem König nieder und flehte ihn an: „Herr, hab noch etwas Geduld! Ich will ja alles bezahlen."

Da hatte der König Mitleid. Er gab ihn frei und erließ ihm seine Schulden.

Kaum war der Mann frei, da traf er einen anderen Verwalter, der ihm einen vergleichsweise kleinen Betrag schuldete. Er packte ihn, würgte ihn und schrie: „Bezahl jetzt endlich deine Schulden!"

Da fiel der andere vor ihm nieder und bettelte: „Hab noch etwas Geduld! Ich will ja alles bezahlen." Aber der Verwalter wollte nichts davon wissen und ließ ihn ins Gefängnis werfen. Er sollte erst dann wieder freigelassen werden, wenn er alles bezahlt hätte.

Als nun die anderen Verwalter sahen, was sich da ereignet hatte, waren sie empört.

Sie gingen zu ihrem Herrn und berichteten ihm alles.

Da ließ der König den Verwalter zu sich kommen und sagte: „Was bist du doch für ein boshafter Mensch! Deine ganze Schuld habe ich dir erlassen, weil du mich darum gebeten hast. Hättest du da nicht auch mit meinem anderen Verwalter Erbarmen haben müssen, so wie ich mit dir?"

Zornig übergab der Herr ihn den Folterknechten. Sie sollten ihn erst dann wieder freilassen, wenn er alle seine Schulden zurückgezahlt hätte.

Auf die gleiche Art wird mein Vater im Himmel jeden von euch behandeln, der seinem Bruder oder seiner Schwester nicht von ganzem Herzen vergibt.

Matthäus 18,23–35 HFA

Au weia, ich war gerade im Begriff, zu handeln wie dieser unbarmherzige Kerl! Sofort entschuldigte ich mich bei der Nachbarin für den Druck, den ich ihr gemacht hatte. Ich erzählte ihr, was ich selbst gerade erlebt hatte, und erließ ihr die Schulden.

Was war ich froh, dass der Heilige Geist mich daran erinnert hatte! Was wäre sonst geschehen? Nicht auszudenken!

Meine Nachbarin war sehr erleichtert und konnte kaum glauben, was ich da gerade gesagt hatte.

Heilung aus Gottes Hand

„Sie ist weg, sie ist ganz weg!"

Sehr in Erinnerung geblieben ist mir ein Sonntag ein paar Monate nachdem ich Jesus kennengelernt hatte, Thema der Predigt war Heilung aus Gottes Hand:

Ist jemand von euch krank?
Er soll die Ältesten der Gemeinde zu sich rufen lassen;
und sie sollen für ihn beten
und ihn dabei mit Öl salben im Namen des Herrn.
Und das Gebet des Glaubens
wird den Kranken retten,
und der Herr wird ihn aufrichten;
und wenn er Sünden begangen hat,
so wird ihm vergeben werden.
Jakobus 5,14–15

Wie gebannt hörte ich zu, sog jedes Wort in mich auf. Seit Jesus in mein Leben gekommen war, hatte ich schon einiges mit ihm erlebt – und jetzt war in mir eine Gewissheit: Das will ich für meine Tochter, das gehört jetzt mir.

Gleich nach der Predigt wurden alle, die Heilung brauchten, eingeladen, nach vorn zu kommen. Ich sprang sofort auf, rief nach vorn: „Ja, ich, ich will das für meine kleine Tochter!"

Ich eilte nach hinten, um Anne aus der Kinderstunde zu holen. Dann gingen wir nach vorn, die anwesenden Ältesten kamen dazu – für mich ein ganz besonderer Moment, das berührte mich tief: Sie kamen, um für meine Tochter zu beten!

Im Kreis knieten wir uns um Anne herum und beteten für sie um Heilung. Die Ältesten salbten ihre Stirn mit Öl, legten ihr die Hände auf und beteten für uns. Als ich aufstand, *wusste* ich: Jetzt wird Anne gesund! Davon war ich von ganzem Herzen überzeugt.

Gott kennt uns und weiß genau, was wir brauchen. Er wird uns immer so führen und ermutigen, dass wir weitergehen können.

Am selben Abend kam Anne ins Wohnzimmer gerannt und rief immer wieder: „Mama, schau, sie ist weg, sie ist ganz weg!" Anne war gerade dabei gewesen, den Schlafanzug anzuziehen, dabei hatte sie eine besondere Entdeckung gemacht.

Schon seit Längerem war an ihrer großen Zehe eine dicke Warze; immer wieder tat sie ihr weh und natürlich drückte sie im Schuh. Der Kinderarzt hatte gemeint, bei so kleinen Kindern könne man zuwarten, solche Warzen würden sich meistens im Teenageralter von allein zurückbilden oder abfallen.

Keine Frage – ich kam Annes Aufforderung umgehend nach und begutachtete ihre Großzehe. Tatsächlich, da war keine Warze mehr, es war rein gar nichts zu sehen, als wäre nie auch nur irgendetwas da gewesen.

Für mich war das eine enorme Bestätigung für das Heilungsgebet vom Vormittag.

DER SCHOCK MEINES LEBENS

Wie gesagt: Gott weiß genau, was wir brauchen, um ermutigt zu werden und weitergehen zu können. Denn genau das brauchte ich schon am nächsten Tag, um im Glauben an das, was wir erbeten hatten, weitergehen zu können – oder soll ich sagen: im Glauben an unseren großen Gott, der Gebet erhört?

Am nächsten Morgen kam der Schock meines Lebens: Anne ging es so schlecht wie nie zuvor! Wieder war sie völlig apathisch und an den Knöcheln hatte sie massiv Wasser eingelagert. Sofort packte ich beide Töchter ins Auto und fuhr eilends eine gute Stunde in eine große Klinik mit Nierenfachabteilung.

Dort angekommen, nahm ich Anne auf den Arm und lief, Sarah an der Hand, so schnell wie möglich zur Klinik. Um die Infektionsgefahr für die stationär behandelten Kinder gering zu halten, durften Unbeteiligte nicht eintreten; so musste ich Sarah draußen vor der Glastür lassen und ging mit Anne allein hinein.

Sarah draußen weinte furchtbar, sie schrie und hämmerte zwischendurch an die Glastür; auch Anne fing an zu weinen, sie wollte nicht dableiben. Ich fühlte mich zerrissen und war total überfordert: Einerseits konnte ich Anne jetzt nicht allein lassen, andererseits wollte ich auch bei Sarah sein – sie sollte nicht das Gefühl haben, sie wäre nicht wichtig. In meiner Verzweiflung rief ich den Vater meiner Töchter an und schilderte ihm die Situation. Ich bat meinen Mann (wir waren noch in der Trennungszeit), doch bitte zu kommen und Sarah mir eine Weile abzunehmen.

Klaus allerdings ließ sich nicht aus der Ruhe bringen, er erwiderte kalt: „Du wolltest es so haben, nun schau, wie du zurechtkommst. Ich komme nicht." Er kam zwar später einmal, um Anne zu besuchen, aber nicht in diesem Moment, wo ich seine Hilfe gebraucht hätte.

Ich war mit meinen Nerven am Ende: Drinnen war meine schwerkranke Tochter, die mich jetzt dringend brauchte und bei der ich auch bleiben wollte, und draußen meine Sarah, die furchtbar schrie, weinte und mittlerweile ununterbrochen gegen die Glastür trommelte.

Endlich erbarmte sich das Stationspersonal und Sarah durfte ausnahmsweise in das Spielzimmer der Station, dort warteten wir dann auf den Arzt.

Anne wurde umgehend stationär aufgenommen, sie bekam sofort Infusionen und Cortison. Eigentlich hätte ich bei ihr bleiben sollen, ich wollte sie gerade jetzt nicht alleinlassen; aber ich musste mich um Sarah kümmern, sie brauchte mich ja auch. Also fuhr ich irgendwann mit Sarah wieder nach Hause, nachdem ich Anne versprochen hatte, am nächsten Morgen sofort wieder zu kommen.

Eine liebe Freundin bot mir an, sich tagsüber um Sarah zu kümmern, so konnte ich bei Anne im Krankenhaus sein und wusste, dass auch Sarah gut versorgt war. Das war für mich eine große Erleichterung, nicht nur tagsüber: Wenn ich am Abend Sarah abholte, war sie fröhlich und guter Dinge. Sie fühlte sich dort wohl und so hatte auch ich kein schlechtes Gewissen mehr, sie abgeben zu müssen. Gott sorgte gut für uns.

Nun folgte eine Zeit voller Rückschläge und Schwierigkeiten; aber immer hatte ich in mir die Gewissheit:

Meine Tochter wird gesund! Allein das ist für mich schon ein Wunder, zumal ich noch jung im Glauben war und alle Umstände genau das Gegenteil sagten.

Dieses Mal reagierte Anne nicht auf die Therapie, sie lagerte immer mehr Wasser ein und schied nichts aus. Die Dosierung des Cortisons wurde mehrfach erhöht, aber keinerlei Reaktion.

Nach zwei Tagen sprach der Stationsarzt mich bei der Visite an: Man könne jetzt nicht länger abwarten, bis noch mehr Komplikationen einträten; Anne müsse nun „an die Maschine" (Dialyse).

In meinem Herzen hatte ich weiter die Gewissheit, dass meine kleine Tochter geheilt wird; dennoch war ich der Verzweiflung nahe: Dialyse – und dann? Einmal Dialyse, immer Dialyse … Gott wird Anne heilen, daran wollte ich festhalten und nicht klein beigeben. Anne an die Maschine anschließen zu lassen – dieser Gedanke verursachte in mir einen totalen Unfrieden.

Und dann waren noch die anderen Mütter: Sie fragten mich ständig, ob Anne schon an der Maschine sei; einige fragten auch, ob ich meine Tochter schon auf die Liste hätte setzen lassen. Ich hatte natürlich erstmal keine Ahnung, was sie mit dieser Liste meinten; aber das erklärten sie mir bereitwillig – sie meinten damit die Warteliste für eine Spenderniere.

Diese Fragen machten mir große Not, sie brachten mich emotional sehr an meine Grenzen. Dazu die Gesichter der Kinder, die eine fremde Niere eingesetzt bekommen hatten, und derer an der Dialyse, die auf eine Transplantation warteten …

Das alles setzte mir sehr zu und ich hatte extrem zu kämpfen, um an dem festzuhalten, was ich durch das Gebet um Heilung für Anne empfangen hatte.

Zudem haderte ich mit Gott und meinem – unserem – Schicksal: Meine kleine Tochter in diesem furchtbaren Zustand zu sehen, kostete mich enorm viel Kraft.

Außerdem war mir klar: Wenn sie jetzt an die Dialyse kommt, sind wir auf der Krankheitsspur. Also bat ich den Arzt, ich flehte ihn förmlich an, noch wenigstens eine Nacht mit der Dialyse zu warten. Zum Glück ließ er sich darauf ein.

Und Gott war gnädig: In jener Nacht reagierte Anne auf die Therapie, zwar nur geringfügig, aber immerhin: Sie kam nicht an die Maschine.

Um festzustellen, inwieweit Annes Nieren schon geschädigt seien, wurde eine Nierenbiopsie vorgenommen als Grundlage für die weitere Therapierung. Da sie ja nun schon einige Rezidive gehabt hatte, gingen die Ärzte davon aus, dass die Nieren schon recht geschädigt wären.

Und hier erlebten wir das erste Wunder: Trotz der Länge der Erkrankung hatten ihre Nieren kaum Schaden genommen!

Ich war begeistert; das gab mir Hoffnung und stärkte meinen Glauben. Mir fiel es wieder leichter, an die Heilung zu glauben; in meinem Herzen hielt ich immer noch daran fest.

Auch die Gebete und Ermutigungen von meinen neuen Freunden aus der Kirche gaben mir immer wieder Mut und neue Kraft, an der verheißenen Heilung festzuhalten.

DAS WUNDERSAME ARZTGESPRÄCH

Ein, zwei, drei Tage danach kam ein Arzt auf mich zu und bat mich um ein Gespräch. Ich hatte ihn noch nie gesehen; er stellte sich vor und erklärte mir, er komme aus einer anderen Klinik und sei für einige Monate hier, um eine neue Therapie vorzustellen und einzuführen. Diese Therapie würde er gerne bei meiner Tochter anwenden, sie sei aber noch nie für einen Menschen eingesetzt worden – ob ich einverstanden sei?

Bei seinen Worten spürte ich Frieden in mir; ich gab sofort mein Einverständnis und fügte hinzu: „Danach wird meine Tochter geheilt sein."

Für diese Erkrankung gebe es keine Heilung, erwiderte er, die Therapie bringe nur eine Besserung dahingehend, dass die Rezidive seltener aufträten.

Ich bestand weiter auf Heilung und bekräftigte es mehrfach – und genauso beharrlich erklärte er mir jedes Mal, er könne mir keine Hoffnung auf Heilung machen, sondern nur auf Besserung; bei dieser Erkrankung gebe es keine Heilung.

So ging es minutenlang hin und her – mir kam es wie eine kleine Ewigkeit vor –, bis er einlenkte: Wenn Anne nach der Therapie zwei Jahre lang ohne Rezidiv bleiben würde, dann könne ich sie als geheilt ansehen.

Mit dieser Antwort gab ich mich zufrieden und wir besprachen die Behandlung, eine kombinierte, hochdosierte Chemo-Cortison-Therapie. Meine Bedingung war allerdings, diese Therapie zu Hause durchzuführen.

Die vielen kranken und transplantierten Kinder einschließlich der ständigen Fragen der anderen Mütter könne ich nicht mehr ertragen und ich wolle dieser Krankheit nicht so viel Macht über mich einräumen.

Ich unterschrieb die Einverständniserklärung und fuhr unter strengsten Auflagen mit meiner kleinen Tochter nach Hause: Während der Behandlung durften wir keinen Besuch empfangen, besonders keine Kinder; und Sarah durfte nur in den Kindergarten, wenn alle anderen Kinder gesund waren.

Gott bestätigte meine Entscheidung und wir erlebten das zweite Wunder: Alles verlief ohne Komplikationen und – für mich das größte Geschenk – Anne zeigte keine Nebenwirkungen, verlor keine Haare und auch sonst zeigte sich nichts. Das Einzige, was man sehen konnte, war das typische Vollmondgesicht aufgrund der hohen Cortisongaben.

Dann wartete ich – ein Jahr, zwei Jahre ... Nichts geschah, Anne zeigte keine Symptome mehr und entwickelte keine weiteren Rezidive.

Nach exakt zwei Jahren berichtete ich es in der Gemeinde zur Ehre Gottes: Gott hatte sein Versprechen gehalten, meine Anne war geheilt.

Natürlich wollte ich es nicht versäumen, auch dem Arzt in der Klinik zu berichten, was Gott an Anne getan und wie seine Therapie gewirkt hatte. Ich fuhr also hin und fragte nach dem Arzt; leider hatte ich den Namen vergessen, also beschrieb ich ihn so gut wie möglich.

Die Krankenschwester konnte mir nicht weiterhelfen, vor zwei Jahren hatte sie noch nicht hier gearbeitet, und verwies mich an eine andere Kollegin.

Also ging ich dorthin und erklärte ihr mein Anliegen: Ich wolle den Arzt sprechen, der vor zwei Jahren zwecks Einführung einer neuen Therapie vorübergehend aus einer anderen Klinik da gewesen sei. Ihre Antwort machte mich sprachlos: So ein Arzt, wie ich ihn schildere, sei nie da gewesen.

In diesem Moment fiel es mir wie Schuppen von den Augen und mir kam die Geschichte von Jakob in den Sinn, als er mit einem Engel des Herrn kämpfte:

> ABER JAKOB ANTWORTETE: ICH LASSE DICH NICHT,
> ES SEI DENN, DU SEGNEST MICH!
>
> 1. MOSE 32,27

Ja! Genau das hatte ich erlebt, als ich mit diesem Arzt-Engel über die Heilung meiner Tochter verhandelte und nicht aufgab, bis er mir Heilung nach zwei Jahren ohne Rezidiv zusagte.

JESUS HEILT AN LEIB UND SEELE

Körperlich war meine kleine Tochter nun geheilt – und ich staunte, wie sie all diesen Schmerz und das erfahrene Leid verarbeitete:

Nach ihrem letzten Klinikaufenthalt, während der Kombi-Chemo zu Hause, zog Anne sich mit ihrem „Teddy" für genau drei Tage in ihr Zimmer zurück. Eigentlich war es ein kleiner Waschbär, den hatte sie geschenkt bekommen, als sie zum ersten Mal im Krankenhaus war; danach war er ihr nicht mehr von der Seite gewichen.

Drei Tage lang verließ sie ihr Zimmer nur zu den Mahlzeiten. Ich ließ es ihr zu, beobachtete sie aber – und schon bald erkannte ich, was sie da tat: In diesen drei Tagen durchlebte sie ihre gesamte Krankheits- und Leidensgeschichte noch einmal, indem sie alles jetzt an ihrem Waschbären vollzog.

Er bekam Pflaster und Verbände, Spritzen und Nadeln, Untersuchungen und alles Mögliche, was sie selbst erlebt hatte, und am Ende der drei Tage kam sie mit dem Waschbären und verkündete mir, der Teddy sei nun gesund. Von dem Tag an war es, als wäre nie etwas gewesen, kein Leid, kein Schmerz, kein Krankenhaus, keine Trennung von mir. Anne war nun ganzheitlich geheilt.

Außerdem malte sie ihr Erleben, damit hatte sie schon im Krankenhaus begonnen – wie ein knapp fünfjähriges Kind eben malt.

Eines von den Bildern erregte meine besondere Aufmerksamkeit: Da lag jemand auf einem Bett, daneben ein Nachtkästchen und vor dem Bett stand ein Arzt, aber irgendwie stand er in der Luft. Ich dachte: Nun ja, so malt ein Kind in diesem Alter eben.

Als Anne mir das Bild erklärte, wies ich sie darauf hin, dass der Arzt ja ein wenig in der Luft hänge, aber eigentlich stehe er doch vor ihrem Bett – da entgegnete sie: „Nein, Mama, das ist nicht der Doktor, das war Jesus, als er in mein Zimmer kam und mich gesund machte."

Meine Tochter ist nun zu einer hübschen jungen Frau herangewachsen und führt ein ganz normales Leben.

VERGEBUNG UND INNERE GESUNDUNG

Innerlich gesund werden, das geht nur, wenn man denen vergibt, die an einem schuldig geworden sind.

Ich glaube, das ist für die meisten, die Jesus als ihren Herrn und Retter angenommen haben, der schwierigste Teil. Jedenfalls habe ich das so erlebt.

Jetzt sollte ich all denen vergeben, die mich zutiefst verletzt, missbraucht, verachtet und beraubt hatten und es zum Teil immer noch taten.

Ich fragte mich: Wie oft muss ich denn noch vergeben? Jesus hat dazu eine klare Meinung:

SEID ABER GEGENEINANDER FREUNDLICH
UND BARMHERZIG UND VERGEBT EINANDER,
GLEICHWIE AUCH GOTT EUCH VERGEBEN HAT IN CHRISTUS.
EPHESER 4,32

ERTRAGT EINANDER UND VERGEBT EINANDER,
WENN EINER GEGEN DEN ANDEREN ZU KLAGEN HAT;
GLEICHWIE CHRISTUS EUCH VERGEBEN HAT,
SO AUCH IHR.
KOLOSSER 3,13

DA TRAT PETRUS ZU IHM UND SPRACH:
HERR, WIE OFT SOLL ICH MEINEM BRUDER VERGEBEN,
DER GEGEN MICH SÜNDIGT? BIS SIEBENMAL?
JESUS ANTWORTETE IHM: ICH SAGE DIR,
NICHT BIS SIEBENMAL, SONDERN BIS SIEBZIGMALSIEBENMAL!
MATTHÄUS 18,21–22

Ich wusste, dass Jesus für mich sein Leben geopfert und mir all meine Schuld und Sünde vergeben hatte und dass ich nun mit ihm leben durfte; dennoch war es für mich eine große Herausforderung, besonders, meiner Mutter zu vergeben, die – so empfinde ich es – mir meine Kindheit und Jugend geraubt hatte.

Zudem sind die Eltern die Menschen, die uns in der Kindheit am nächsten stehen und uns normalerweise am meisten prägen und schützen. Verletzungen, die sie uns zufügen, in welcher Form auch immer, hinterlassen meist besonders tiefe, sehr schmerzhafte Wunden.

Diese Wunden und Verletzungen brauchen Zeit zum Heilen, da sie oft tief eingeprägt sind, je nachdem, wie oft und wie lange sie uns zugefügt wurden; aber Zeit allein heilt keine Wunden, entscheidend ist, dass wir vergeben.

Also beschloss ich, zu vergeben – aber deshalb hörten die Vorwürfe und Beschimpfungen ja nicht auf, bei fast jeder Begegnung kam irgendetwas. „Wie oft denn noch?!", fragte ich mich häufig.

Um meine schmerzhafte Vergangenheit aufzuarbeiten, holte ich mir Hilfe.

Ein Jahr lang war ich bei einem christlichen Therapeuten und bei Bedarf ging ich zusätzlich in die Seelsorge oder sprach mit einer vertrauten Person darüber.

Am Anfang schrie alles in mir: „Nein, ich will nicht vergeben!" So durfte ich zunächst lernen, dass Vergebung zuallererst eine Entscheidung ist; meine Gefühle sagten dazu etwas ganz anderes – aber schon bald begriff ich: Am meisten schade ich mir selbst, wenn ich nachtragend bin und Rache üben, den Übeltäter bestrafen, mir Genugtuung verschaffen will; zumal die Person, der ich vergeben soll, ja meistens ihre Schuld nicht erkennt, geschweige denn mich dafür um Vergebung bittet.

Mir wurde klar: Wenn ich nicht vergebe, bin ich auf ewig an diese Person gebunden und – schlimmer noch – an all den Schmerz und das Leid und was immer sie mir zugefügt hat. Mit meiner Unversöhnlichkeit schade ich nur mir selbst und schneide mich ab von dem Leben, das Jesus mir eigentlich schenken will. Aber ich wollte leben und frei sein, Freude und Frieden im Herzen haben.

Später habe ich auch verstanden: Wenn ich vergebe, ist die Schuld des anderen deshalb nicht ausgelöscht. Schuld bleibt Schuld, sie wird durch Vergebung weder ungeschehen gemacht noch aufgehoben.

Aber ich – und das ist das Wichtigste: *ich werde frei* von all dem Schmerz und dem Leid und dazu von der Person, der ich vergebe. Selbst dann, wenn nie eine Wiedergutmachung stattfindet oder die Person, der ich vergebe, mich selbst nie um Verzeihung bittet.

Wichtig ist, dass ich meinen Part übernehme; für die andere Person bin ich nicht verantwortlich.

Ich vergebe …

Also beschloss ich: Ich vergebe meiner Mama all den Schmerz, den sie mir zufügte, den Verlust, dass ich keine glückliche Kindheit hatte, den Missbrauch, den sie zuließ und ignorierte, durch ihre Abweisung nicht verhinderte, samt dem Missbrauch, den sie selber beging – ja, alles, was sie mir geraubt oder angetan hatte. Zunächst waren da gar keine Gefühle dabei, außer Wut und Scham, Schmerz und Tränen; zudem litt ich immer noch an dem Mangel an Liebe und Zuwendung.

Einer der ersten Bibelverse, die ich bekam, als ich anfing, das mit meiner Mutter Erlebte aufzuarbeiten, steht im Buch Jesaja:

Kann eine Mutter etwa ihren Säugling vergessen?

Fühlt sie etwa nicht mit dem Kind, das sie geboren hat?

Selbst wenn sie es vergessen würde,

vergesse ich dich nicht!

Jesaja 49,15 nlb

Wie viel Trost dieser Vers mir geschenkt hat, immer und immer wieder! Das Wissen, dass mein himmlischer Vater mich nie vergessen wird und dass er mich immer gesehen hat, das tat so gut, und das tut es immer noch.

Für mich war es gut, diese Schritte der Vergebung mit einer vertrauten Person zu gehen. Im Gebet brachte ich allen Schmerz, alles Leid, Verletzung, Missbrauch, einfach alles, was mir einfiel, ans Kreuz – oft unter Tränen und Schluchzen.

Zwar durchlebte ich all diese schlimmen Situationen damit nochmals, aber dieses Mal, um sie abzugeben und loszuwerden an den, der dies alles für mich am Kreuz von Golgatha getragen hat, Jesus Christus.

Mit der Zeit ließ der Schmerz nach, und all die schweren Erinnerungen verblassten. Zwar habe ich sie nicht vergessen, aber sie belasten und beschweren mich nicht mehr. Heute kann ich Menschen mit ähnlichem Schicksal verstehen und ihnen helfen, Schritte zum Leben zu gehen.

Sehr ermutigend war für mich eine Begegnung auf einer christlichen Konferenz: Die Lobpreiszeit und der Input waren abgeschlossen und ich saß noch allein da, um darüber nachzudenken. Mir gingen einige Situationen aus meiner Kindheit durch den Kopf und mir liefen die Tränen. Ein mir fremdes Ehepaar kam an mir vorbei, sie blieben stehen, legten mir sanft die Hände um die Schultern und sagten: „Gott hat deinen Schmerz und deine Tränen gesehen, er war immer bei dir und er wird dich heil machen." Dann beteten sie noch für mich.

Dieses Ehepaar kannte weder mich noch meine Situation; dennoch ermutigte mein himmlischer Vater mich durch ihre Worte und diese Geste. Ja, selbst wenn meine Mutter mich nicht gesehen hat: Mein Vater im Himmel hatte mich gesehen und er hat mich niemals aus den Augen verloren, er hat mich nie vergessen!

Schicht um Schicht und ganz behutsam

So manche Erinnerungen kamen mir mehrfach hoch und setzten mir zu; wie oft ich meiner Mutter vergeben musste, habe ich nicht gezählt.

Aber Gott mutet uns nie mehr zu, als wir tragen können. Er heilt Schicht für Schicht und erinnert uns zur rechten Zeit an das, was er noch verändern und heilmachen will – genau so und genau zu dem Zeitpunkt, wie es gut für uns ist.

Hierzu fällt mir ein Erlebnis ein, es veranschaulicht das sehr einprägsam: Als Kind wurde ich einmal von einem Fahrzeug erfasst und schürfte mir dabei die Knie auf. Es tat grässlich weh und blutete ziemlich.

Meine Oma holte eine Mullbinde, legte ein Vlies auf die Wunde und wickelte die Mullbinde in mehreren Lagen drumherum, bis kein Blut mehr durchdrückte.

Nach einigen Tagen wollte sie den Verband entfernen, dazu legte sie mir einen warmen, nassen Waschlappen aufs Knie. Anfangs wehrte ich mich; ich hatte Angst, dass es wieder wehtun würde, und wohl auch davor, wie es unter dem Verband aussehen mochte.

Schicht für Schicht wickelte Oma den Verband ab, dabei weichte sie ihn mit dem warmen und feuchten Waschhandschuh immer wieder auf, bis er gelöst war. Nun lag nur noch das Vlies auf dem Knie. Nein, das war zu grauslich, das wollte ich nicht sehen! Ich drückte beide Hände darauf, wollte es nicht entfernen lassen.

Oma aber, voller Geduld, redete mir gut zu: Jetzt müssten Luft und Licht ans Knie, damit es vollkommen heil werden könne. Sie schaffte es, mich zu überzeugen.

Jedenfalls nahm ich irgendwann meine Hände weg und ließ es zu, dass sie das Vlies entfernte. Wie überrascht war ich, dass es gar nicht so schlimm aussah wie vermutet! Noch ein paar Tage, und alles war wieder gut und der Schmerz vergessen.

So ist es auch bei Vergebung und innerer Heilung: Schicht für Schicht – und alles, was ich ans Licht bringe, wird heil und wiederhergestellt.

UND DAS IST DIE BOTSCHAFT,

DIE WIR VON IHM GEHÖRT HABEN UND EUCH VERKÜNDIGEN,

DASS GOTT LICHT IST UND IN IHM GAR KEINE FINSTERNIS IST.

WENN WIR SAGEN,

DASS WIR GEMEINSCHAFT MIT IHM HABEN,

UND DOCH IN DER FINSTERNIS WANDELN

(D.H. IN UNSEREM PRAKTISCHEN LEBENSWANDEL

IN DER FINSTERNIS LEBEN, IN SÜNDE, UNAUFRICHTIGKEIT

UND UNBUßFERTIGKEIT VERHARREN),

SO LÜGEN WIR UND TUN NICHT DIE WAHRHEIT;

WENN WIR ABER IM LICHT WANDELN,

WIE ER IM LICHT IST,

SO HABEN WIR GEMEINSCHAFT MITEINANDER,

UND DAS BLUT JESU CHRISTI, SEINES SOHNES,

REINIGT UNS VON ALLER SÜNDE.

1. JOHANNES 1,5–7

Dieser Prozess, meiner Mutter zu vergeben, dauerte lange und immer wieder musste ich mich entscheiden: Ich vergebe, ich höre auf Gottes Wort und nicht auf meine Gefühle.

ABSTAND KANN GUTTUN

Viele Jahre waren vergangen, es war kurz vor meinem 50. Geburtstag, da beschäftigte mich sehr, ja, es irritierte mich, dass meine Mutter immer noch solche Macht über mich hatte, dass sie mich immer wieder mit Worten oder Gesten verletzen konnte.

Vor jeder Begegnung mit ihr war ich angespannt und nervös; denn jedes Mal, wenn wir uns sahen, kam irgendetwas, was sie mir vorhielt, oder sie beschimpfte mich. Musste ich mir das wirklich immer wieder antun?

Nein, das musste ich nicht; mir wurde klar, dass ich mich solchen Situationen nicht auszusetzen brauche, dass ich mich schützen und Nein sagen darf.

Also beschloss ich, vorerst den Kontakt auf Karten oder seltene Anrufe zu beschränken. Diese Entscheidung lag mir schon länger am Herzen, aber ich hatte mich immer davor gescheut: Ich müsse doch Vater und Mutter ehren, so steht es ja in der Bibel, dachte ich – bis ich mich damit beschäftigte, was es denn heißt, Vater und Mutter zu ehren.

Durch Gespräche und im Gebet wurde mir klar, dass „Eltern ehren" sicher nicht heißt, dass ich mich immer wieder in verletzende Situationen begeben muss; vielmehr soll ich meiner Mutter dankbar sein, dass sie mir das Leben geschenkt hat, und nicht schlecht über sie reden oder ihr gar Böses wünschen. So fing ich an, meine Mutter zu segnen und für sie zu beten.

Mit der Zeit kamen die Gefühle dazu, denn ich wurde immer freier und heiler und empfand nun auch Mitleid mit meiner Mutter.

Je mehr ich in die Freiheit hineinfand, umso klarer sah ich, wie viel Schmerz und Leid sie selber hatte ertragen müssen, und das war der Nährboden ihres Handelns.

Im Nachhinein kann ich sagen: Der Abstand hat mir gutgetan, dadurch konnte einiges heil werden. Ich brauchte diese Zeit, um noch mehr zu erkennen und zu verinnerlichen, wer bzw. was ich in Gottes Augen bin: bedingungslos geliebt, gesehen und gesegnet.

Da diese Wunde aber noch nicht ganz verheilt war, konnte meine Mutter mich natürlich immer wieder verletzen.

Wenn ich mir im Backofen den Arm verbrenne, halte ich ihn doch auch nicht extra immer wieder hinein; bis es verheilt ist, ist er an dieser Stelle sehr empfindlich. Ich schütze ihn, bis alles wieder gut ist.

Genauso empfinde ich den Abstand, den ich zu meiner Mutter halte, als heilsam und gut für mich.

Seitdem sind einige Jahre vergangen. Dank Gottes wunderbarer Gnade und vielen lieben Menschen habe ich viel Heilung und Wiederherstellung meines inneren Menschen erfahren, wofür ich sehr dankbar bin.

Meine Mutter und ich haben noch immer keine gute Beziehung zueinander; aber ich spüre: Jetzt bin ich bereit, in kleinen Schritten auf sie zuzugehen. Manchmal führen wir auch mal ein ganz nettes Gespräch am Telefon und ich merke – jetzt, wo ich an dieser Wunde heiler bin –, dass sie gar nicht mehr versucht, mich zu verletzen, als wüsste sie, dass das bei mir nicht mehr wirkt.

Ganz im Gegenteil: Kürzlich sagte sie sogar beim Abschied „Mein Mädchen" zu mir und später konnte ich ihr mitteilen, das sei für mich sehr schön gewesen.

Ich habe sogar ein altes Foto gefunden, darauf bin ich vier Jahre alt und meine Mutter hält mich im Arm – eine Seltenheit! Das Foto habe ich nun gerahmt und mit einem Spruchband versehen, darauf steht – ja, richtig geraten! – „Mein Mädchen". Ich habe es so aufgestellt, dass ich es am Schreibtisch sehen kann; das Bild gibt mir Hoffnung.

Heute wünsche ich mir von ganzem Herzen, dass wir noch einmal die Gelegenheit haben, miteinander zu reden und unsere Beziehung wiederaufleben zu lassen, besser als je zuvor! Sollte das nicht mehr möglich sein, dann wünsche ich mir auf jeden Fall zumindest, dass wir uns in der Ewigkeit wiedersehen, wo es kein Leid, keinen Schmerz und keine Tränen mehr gibt.

Darum bete ich, immer wieder lege ich meine Mama vor Gott hin und bitte ihn um Erbarmen; auch frage ich ihn oft, wie ich ihr begegnen soll. Ganz, ganz kleine Schritte sind möglich und schon geschehen. Eines weiß ich: Gott hat den Überblick, er weiß alles und er sieht so viel weiter als wir. So will ich auch hierin ihm von ganzem Herzen vertrauen.

Vergebung als Lebensstil

Auch allen anderen Menschen, die mich verletzt, missbraucht, herabgesetzt hatten oder in irgendeiner Weise an mir schuldig geworden waren, ihnen allen sprach ich Vergebung zu – und wo ich erkannte, dass ich selber schuldig geworden war, da bat ich Gott um Vergebung.

Wenn wir aber unsere Sünden bekennen,

so ist er treu und gerecht,

dass er uns die Sünden vergibt

und uns reinigt von aller Ungerechtigkeit.

1. Johannes 1,9

Der dir alle deine Sünden vergibt

und heilt alle deine Gebrechen;

der dein Leben vom Verderben erlöst,

der dich krönt

mit Gnade und Barmherzigkeit ...

Psalm 103,3–4

Mir hat es immer sehr geholfen, mein eigenes Versagen vor einer vertrauten, verschwiegenen und erfahrenen Person auszusprechen und ans Kreuz zu bringen.

Zum einen kommt oft noch viel Schmerz und Scham dabei hoch und der andere kann dann auf Gottes Reden hören und weitergeben, was Gott dazu sagt – Ermutigung und Trost.

Zum anderen ist es gut, einen Zeugen zu haben, falls später Zweifel oder Anklage hochkommen: Dann kann dieser Zeuge bestätigen, dass alles erledigt ist; das hat mir schon sehr geholfen. Sünden, die ich bekannt und ans Kreuz gebracht habe, die sind mir vergeben.

Am Kreuz hat Jesus alles getragen, meine eigenen Sünden und den Schmerz, den die Sünde anderer Menschen mir zugefügt hat:

DENNOCH: ER NAHM **UNSERE** KRANKHEITEN AUF SICH
UND TRUG **UNSERE** SCHMERZEN.
UND WIR DACHTEN, ER WÄRE **VON GOTT** GEÄCHTET,
GESCHLAGEN UND ERNIEDRIGT!
DOCH WEGEN **UNSERER** VERGEHEN WURDE ER DURCHBOHRT,
WEGEN **UNSERER** ÜBERTRETUNGEN ZERSCHLAGEN.
ER WURDE GESTRAFT, DAMIT WIR FRIEDEN HABEN.
DURCH SEINE WUNDEN WURDEN WIR GEHEILT!

JESAJA 53,4–5 NLB

Nichts, was uns bewegt, ist ihm zu unbedeutend, nichts zu
schwer oder schwierig; wir sind ihm total wichtig und wertvoll. Er freut sich jedes Mal, wenn wir zu ihm kommen und
bei ihm empfangen „Gnade um Gnade", was immer wir
brauchen. Es liegt alles bereit, wir brauchen es nur abzu-
holen.

Darum steh auf und geh den Schritt, den er dir vielleicht jetzt gerade zeigt. Gott kennt dich und mich und weiß
genau, wie er uns etwas sagen muss, damit wir es verstehen.
Oft hatte ich Angst, dass ich vielleicht Gottes Stimme nicht
vernehme und irgendetwas versäume zu tun; aber Jesus hat
versprochen:

MEINE SCHAFE HÖREN MEINE STIMME,
UND ICH KENNE SIE, UND SIE FOLGEN MIR NACH;
UND ICH GEBE IHNEN EWIGES LEBEN,
UND SIE WERDEN IN EWIGKEIT NICHT VERLORENGEHEN,
UND NIEMAND WIRD SIE AUS MEINER HAND REIßEN.

JOHANNES 10,27–28

DER STEMPEL

SOLL ICH, SOLL ICH NICHT?

Als ich Jesus in mein Leben aufnahm, war ich noch nicht geschieden, ich war nur getrennt lebend. Kontakt zu Klaus hatte ich fast ausschließlich über unsere Anwälte, die Kommunikation war schlecht bis katastrophal.

Dann fing ich an, mein Leben vor Gott in Ordnung zu bringen, und bat ihn auch selbst um Vergebung, wo ich schuldig geworden war. Natürlich bewegte mich auch das Thema „Scheidung". In der Bibel sah ich, dass Gott Scheidung nicht will, und so begann ich zu hadern mit meinem Entschluss, diesen Weg zu gehen. Ich wollte doch gehorsam sein und ein Gott wohlgefälliges Leben führen!

Das obligatorische Trennungsjahr war vorüber, aber die Scheidung einzureichen, das brachte ich nicht mehr fertig. In vielen Gesprächen suchte ich Rat und Hilfe; und ich betete zu meinem Herrn, wenn er wolle, dass ich zu meinem Mann zurückgehe, müsse er mir das so zeigen, dass ich es auch verstehe. Außerdem, so bat ich ihn, müsse er mir dann eine neue Liebe zu ihm geben und unsere Situation müsse sich so verändern, dass ein weiteres Zusammenleben möglich würde.

In mir schrie aber alles: „Ich will nicht zurück!" Also wartete ich ab – doch es veränderte sich nichts. Nach zwei Trennungsjahren reichte Klaus die Scheidung ein und wir wurden geschieden.

„GESCHIEDEN!"

Erleichtert nahm ich die Scheidung an und war einfach nur froh, dass es vorbei war. Die vergangenen zwei Jahre waren geprägt von Vorwürfen, Schuldzuweisungen, Beleidigungen und ungerechten, verletzenden Worten, am Telefon und in Briefen.

Irgendwann kam in mir der Wunsch hoch, dass ich doch gerne einmal erleben würde, was es heißt, eine gute, von Gott gesegnete Ehe zu führen. Der nächste Gedanke allerdings war: Wer will denn eine Geschiedene mit zwei Kindern?

Ich meinte, auf meiner Stirn prangte, für jeden sichtbar, ein Stempel: „GESCHIEDEN"; darunter litt ich sehr. Alles Zureden im Hauskreis oder von Freunden und alle Ermutigungen, dass ich sicher noch einmal einen Mann bekommen würde – all das kam nicht bei mir an.

„HALLO, KLAUS, BITTE VERGIB MIR" –?

Ein paar Jahre danach war ich für eine Woche in Bad Gandersheim auf der Sommerbibelschule. An einem Abend sprach Suzette Hattingh von „Voice in the City" in Frankfurt; worüber, das kann ich nicht mehr genau sagen, aber an den Schluss ihres Vortrags erinnere ich mich noch lebhaft:

Sie betete darum und ermutigte uns, uns vom Heiligen Geist zeigen zu lassen, wo wir noch etwas vergeben oder in Ordnung bringen müssten – vielleicht sollten wir jemanden anrufen oder, wo möglich, das persönliche Gespräch suchen, um etwas zu klären, oder einen Brief schreiben. Mir lief es heiß und kalt den Rücken hinunter.

Schon während Suzettes Ausführungen hatte der Heilige Geist mich auf etwas aufmerksam gemacht, aber allein die Vorstellung jagte mir richtig Angst ein und ich schob es erstmal beiseite.

Ich ging zu Bett mit dem Gedanken und Gebet, wenn der Heilige Geist mir beim Aufwachen sofort und als Erstes wieder diesen Gedanken gäbe, dann würde ich es tun, denn dann wäre ich sicher, dass es Gottes Wille sei. Eigentlich war ich mir von Anfang an sicher, dass es das Richtige war; aber insgeheim hoffte ich doch, dass dieser Kelch an mir vorüberginge.

Ich sollte nämlich meinen geschiedenen Mann anrufen und ihn um Vergebung bitten dafür, dass ich mein Eheversprechen nicht gehalten hatte: ihn zu lieben und zu ehren, bis dass der Tod uns scheide. Außerdem legte der Heilige Geist mir ans Herz, mein Eheversprechen zurückzunehmen.

Ich wollte gehorsam sein, das Drängen war sehr stark; so ging ich zur nächsten Telefonzelle (damals gab's das noch), trat ein, warf Geld ein und wählte schließlich seine Nummer.

Das Herz schlug mir bis zum Hals; ich kannte Klaus gut genug, um zu wissen, wie er reagieren würde: sarkastisch und ironisch und wahrscheinlich gab es obendrauf noch beleidigende Kommentare.

Bei jedem Freizeichen wurde mir schlechter, mein Herz hämmerte … Gott war gnädig: Der Anrufbeantworter ging an und ich sprach alles aufs Band, Wort für Wort, wenn auch mit zittriger Stimme. (Seine Reaktion blieb aus, eine Antwort bekam ich nie.) Ich hängte den Hörer ein und mir fiel ein Stein vom Herzen!

Ich hatte das Empfinden, dass der Stempel auf meiner Stirn nun verschwunden war, wie abgewischt. Ich war so erleichtert und glücklich, hatte wieder ein Stück Freiheit mehr empfangen.

IHR SEID ZUR FREIHEIT BERUFEN.

GALATER 5,13

EIN SCHWIERIGES THEMA

WENN WIR UNSERE SÜNDEN BEKENNEN,

IST ER TREU UND GERECHT,

DASS ER UNS DIE SÜNDEN VERGIBT

UND UNS REINIGT VON JEDER UNGERECHTIGKEIT.

WENN WIR SAGEN,

DASS WIR NICHT GESÜNDIGT HABEN,

MACHEN WIR IHN ZUM LÜGNER,

UND SEIN WORT IST NICHT IN UNS.

1. JOHANNES 1,9–10 ELB

Ich weiß, Scheidung und Wiederheirat ist ein schwieriges Thema, gerade in christlichen Kreisen; aber Gott hatte mich genau so geführt, durch sein Reden, aber auch durch die Bestätigung und Unterstützung guter Ratgeber.

Ich denke, jeder muss in seiner Situation selbst prüfen, was für ihn Gottes Wille, was „dran" ist. Ich glaube zum einen, dass Gott die Ehe mit Klaus nicht gewollt hatte – das schließe ich aus dem Sprechen (dem Traum?) in der Nacht vor der Hochzeit.

Zum anderen waren wir damals beide nicht gläubig und jeder wollte auf seine Weise irgendeinen Mangel ausfüllen.

Dies soll keine Entschuldigung oder Rechtfertigung sein; ich hatte es mir wahrlich nicht leicht gemacht nach meiner Bekehrung, hatte lange gerungen, gebetet und gefragt – und schließlich traf Klaus die Entscheidung.

Doch wurde ich durch diese Ehe gesegnet mit zwei wunderbaren Töchtern; ich liebe sie sehr und sie sind für mich ein großes Geschenk.

„DA MUSS ES NOCH EIN ZEUGNIS GEBEN"

Von der Telefonzelle ging ich wieder in die Halle. Wie üblich begann die Veranstaltung mit Lobpreis. Ich sang aus vollem Herzen, fühlte mich frei und das war ich ja auch.

Zwischen zwei Liedern fragte Suzette, ob denn jemand nach dem Gebet am Vorabend etwas erlebt und umgesetzt habe – „dann komm bitte nach vorne auf die Bühne und gib Zeugnis, zur Ehre Gottes". Ein paar Leute kamen und erzählten, was sie erlebt hatten.

In mir rumorte es und ich wusste, dass ich auch berichten sollte, aber ich traute mich nicht nach vorn. Suzette wiederholte die Aufforderung und wieder kamen ein paar Leute und gaben ihr Zeugnis. In mir wühlte es, aber ich konnte mich nicht aufraffen. Im Stillen bat ich meinen Herrn, wenn ich wirklich nach vorn gehen solle, bräuchte ich noch einen Aufruf.

Nach dem letzten Lied bestieg Suzette die Bühne und ging ans Mikrofon.

Uff! Ich war erleichtert, aber auch ein wenig enttäuscht über mich selber.

Nach wenigen Sätzen unterbrach Suzette ihren Vortrag: „Ich habe den starken Eindruck, dass hier noch eine Person ist, die nach vorn kommen soll, um ihr Zeugnis zu geben. Ich mache nicht weiter, bis sie kommt. Hab also Mut und komm jetzt nach vorn."

Also doch! Ich fühlte mich ertappt und stand auf, ging nach vorn und erzählte, was ich am Abend und heute früh erlebt hatte, und dass dieser Stempel nun weg war. Großer Applaus ...

In der nächsten Pause kamen mehrere Frauen auf mich zu, denen es ähnlich ging wie mir: Auch sie trugen diesen „Stempel" mit sich herum, aber mein Zeugnis hatte sie sehr ermutigt.

Das freute mich – ich hatte andere ermutigen können; doch zugleich war ich beschämt: Hätte Suzette dem Impuls nicht nachgegeben und ein drittes Mal aufgefordert, wären sie vielleicht ohne diese Ermutigung nach Hause gefahren. Gott ist so gut und er ist so gnädig!

DIESER KAM ZUM ZEUGNIS,

UM VON DEM LICHT ZEUGNIS ZU GEBEN,

DAMIT ALLE DURCH IHN GLAUBTEN.

JOHANNES 1,7

Ist es nicht wunderbar, dass Menschen durch unser Zeugnis neuen Glauben und neue Hoffnung bekommen?! Dies ist mein Anliegen mit diesem Buch: Gott die Ehre zu geben für alles, was er in meinem Leben getan hat.

Und es soll gerade dich ermutigen und dir neue Hoffnung geben: Egal, wie es auch aussieht, Gott kann etwas Gutes daraus machen, denn …

DAS EINE ABER WISSEN WIR: WER GOTT LIEBT,

DEM DIENT ALLES, WAS GESCHIEHT, ZUM GUTEN.

DIES GILT FÜR ALLE,

DIE GOTT NACH SEINEM PLAN UND WILLEN

ZUM NEUEN LEBEN ERWÄHLT HAT.

RÖMER 8,28 HFA

VATERWUNDE

Von klein auf litt ich darunter, dass ich keinen Papa hatte. Zwar gab es da immer wieder Männer, die diese Rolle ein Stück weit übernahmen – der erste und zweite Mann meiner Mutter zum Beispiel. Aber sie waren nie wirklich für mich da. Der zweite Mann wollte für mich da sein, nahm dann aber Abstand, weil meine Mutter eifersüchtig war. Dazwischen war noch Ingrids Vater. Er sah in mir immer so etwas wie seine Pflegetochter, das hatte mir sehr gutgetan.

Aber trotzdem, keiner von ihnen war „mein Papa", meiner, der mich geliebt hätte als seine leibliche Tochter, mich bestätigt, mich unterstützt, mich geschützt hätte, der mich einfach sah und annahm, so wie ich war. Ich brauchte einen Papa, der mich einfach so in den Arm nahm und mir sagte, wie stolz er auf mich sei. Ich litt sehr, wenn andere Kinder von ihrem Papa erzählten oder wenn er sie abholte, sie anlächelte oder etwas mit ihnen unternahm.

Meinen leiblichen Vater lernte ich mit dreizehn Jahren kennen; von da an verbrachte ich manchmal die Ferien bei ihm, aber eben nur manchmal. Und wenn ich dort war, fühlte ich mich nicht von ihm gesehen, ich war einfach nur eines von seinen vielen Kindern. Er hatte wirklich viele Kinder, eheliche und uneheliche.

Er gab mir nur eine Art Zuwendung – er fragte mich, was er mir kaufen könne; dennoch hegte ich manchmal die Hoffnung, dass er ja vielleicht wieder mit meiner Mutter zusammenkäme und dann hätte ich auch einen richtigen Papa.

Ich war dreizehn.

Eine wirkliche Beziehung haben wir nie aufgebaut und irgendwann schlief der Kontakt wieder ein. Ab und zu rief ich ihn noch an, aber mehr war nicht mehr.

MEIN HIMMLISCHER VATER

Als ich Jesus als meinen Herrn annahm und mein Leben vor ihm sortierte und nach und nach in Ordnung brachte, kam ich auch an den Punkt, meinem leiblichen Vater zu vergeben. Ich hatte begonnen, das Vakuum, das das Fehlen eines irdischen Vaters in meinem Leben hinterlassen hatte, von meinem Vater im Himmel füllen zu lassen.

Eigentlich, dachte ich, bin ich in einer guten Ausgangsposition: Da ich nie einen Vater hatte und somit auch gar nicht nachempfinden kann, was das bedeutet oder wie es sich anfühlt, kann ich jetzt durch meinen himmlischen Vater ungetrübt erfahren, was es heißt, einen Vater zu haben – einen Vater, der mich liebt und annimmt, wie ich bin, einen Vater, der mich sieht, sich an mir freut und sich für mich hingibt.

ALL DENEN ABER, DIE IHN AUFNAHMEN

UND AN SEINEN NAMEN GLAUBTEN,

GAB ER DAS RECHT, GOTTES KINDER ZU WERDEN.

JOHANNES 1,12 NLB

ICH WILL EUCH AUFNEHMEN,

UND ICH WILL EUCH EIN VATER SEIN,

UND IHR SOLLT MIR SÖHNE UND TÖCHTER SEIN,

SPRICHT DER HERR, DER ALLMÄCHTIGE.

2. KORINTHER 6,17–18

UND WEIL IHR SEINE KINDER GEWORDEN SEID,

HAT GOTT EUCH DEN GEIST SEINES SOHNES INS HERZ GEGEBEN,

SODASS IHR ZU GOTT NUN

„LIEBER VATER" SAGEN KÖNNT.

JETZT SEID IHR KEINE DIENER MEHR,

SONDERN KINDER GOTTES.

UND ALS SEINEN KINDERN GEHÖRT EUCH ALLES,

WAS IHM GEHÖRT.

GOTT HAT ES SO BESTIMMT.

GALATER 4,6–7 NLB

Solche und ähnliche Bibelstellen sog ich in mich auf und so lernte ich nach und nach, was es heißt, einen wirklichen Vater zu haben, einen, der mich sieht und mich liebt – bedingungslos.

Ich konnte mehr und mehr erkennen, wie mein himmlischer Vater mich sieht und was ich ihm bedeute. Das tat so gut nach all der Ablehnung, den Minderwertigkeitsgefühlen und dem Leistungsdenken. Ich musste nichts mehr dafür tun, um geliebt zu werden und angenommen zu sein – nicht einmal dann, wenn ich Fehler machte oder versagte.

Auch stellte Gott mir immer wieder ältere gläubige Männer zur Seite, die genau dies immer wieder bestätigten. Einmal sagte sogar einer zu mir – er war Vater dreier Söhne – ich wäre für ihn die Tochter, die er nie hatte.

Mein himmlischer Vater hat immer gewusst, was ich gerade brauche, und mich mit allem versorgt, mich liebevoll umsorgt.

DER RAUBVERSUCH

Das waren so meine Gedanken und mein Erleben in dieser Zeit.

Inmitten dieses Prozesses rief mein leiblicher Vater an und wollte für ein paar Tage zu Besuch kommen. Ich war sehr überrascht, wir hatten schon sehr lange keinen Kontakt mehr gehabt; doch freute ich mich riesig und dachte: Mein Vater im Himmel schenkt mir diese Begegnung, um mir noch mehr Heilung für meine Vaterwunde zu schenken, Wiedergutmachung.

Dabei hatte ich aber ein ganz eigenartiges Gefühl, ich konnte es nicht einordnen.

Mein Vater kam mit der Bahn, ich holte ihn vom Bahnhof ab und wir verbrachten einen netten Tag miteinander. Ich erzählte ihm von meinem neuen Leben, und nach der anfänglichen Befangenheit und Unsicherheit – wir hatten uns ja Jahre nicht mehr gesehen – wurde unsere Begegnung allmählich etwas entspannter.

Eines Morgens – ich lag noch im Bett – ging die Tür zu meinem Schlafzimmer auf und ich dachte: Mein Vater schaut, ob ich schon wach bin, vielleicht braucht er irgendetwas … Aber nein, er kam näher, legte sich wortlos zu mir ins Bett und fing an, mich zu streicheln! Ich erstarrte, innerlich wie äußerlich; er meinte nur, er müsse mich doch besser kennenlernen.

Glücklicherweise sprang ich sofort aus dem Bett – und danach war alles anders: Ich war zutiefst verletzt und konnte ihm nicht mehr vertrauen. Er entschuldigte sich zwar, aber ich war froh, als er wieder fuhr.

Gerade hatte ich angefangen, mich auf einen Vater einzulassen, und jetzt das!? Durch Gottes Gnade und dank dem Rückhalt, den ich in meiner Gemeinde hatte, konnte ich dieses Erlebnis schnell verarbeiten und bei Gott abgeben. So fand ich meinen Frieden wieder und konnte ermutigt und getröstet weitergehen.

Oft werfen solche Erlebnisse uns wieder zurück und wollen uns die Hoffnung rauben, die Hoffnung auf eine Zukunft und einen guten Weg.

Ich habe gelernt, dass ich das nicht zulassen darf, sondern gleich zu meinem himmlischen Vater gehe und alle meine Sorgen und Nöte bei ihm lasse, um dann mit neuer Hoffnung und neuem Mut weitergehen zu können.

Wenn mir die Kraft dazu fehlte, fand ich oft Hilfe bei mir vertrauten Menschen; sie beteten für mich oder ermutigten mich.

ÜBERLASST ALL EURE SORGEN GOTT,

DENN ER SORGT SICH UM ALLES,

WAS EUCH BETRIFFT!

1. PETRUS 5,7 NLB

DENN ICH WEISS,

WAS FÜR GEDANKEN ICH ÜBER EUCH HABE,

SPRICHT DER HERR,

GEDANKEN DES FRIEDENS UND NICHT DES UNHEILS,

UM EUCH EINE ZUKUNFT UND EINE HOFFNUNG ZU GEBEN.

JEREMIA 29,11

Seitdem habe ich keinen Kontakt mehr zu meinem leiblichen Vater, nur einmal telefonierten wir noch; und viele Jahre später, nachdem ich meinen jetzigen Mann Andreas geheiratet hatte, wollte ich ihm meinen Vater vorstellen, einfach, damit er ihn kennenlernte.

Diese Begegnung war nur verletzend und erniedrigend – zum einen äußerte seine damalige Frau, er sei ja wohl kaum mein Vater, sondern nur der Erzeuger; zum anderen schilderte er sehr sarkastisch, wie ich entstanden sei. Ich kämpfte mit den Tränen, es war wirklich übel.

Das war das letzte Mal, dass ich ihn gesehen habe.

Jahre später bekam ich von einem Notar einen Brief mit der Nachricht von seinem Tod.

Ich vergab ihm auch diese Verletzungen und klammerte mich noch mehr an meinen himmlischen Vater; der zeigte mir Schritt für Schritt, wer ich für ihn bin: seine Prinzessin, seine Tochter, sein bedingungslos geliebtes Kind.

Diese Liebe mehr und mehr anzunehmen, sie spüren zu können und immer wieder zu glauben, dass sie echt ist und von Dauer und dass sie mir gilt, das hat bei mir sehr lang gedauert; bis heute muss ich es mir mitunter neu klarmachen, dass Gott mein Vater ist.

Nach jener letzten Begegnung wollte mein Mann, dass wir uns vor der Heimfahrt noch ein nettes Restaurant suchen, um eine Kleinigkeit zu essen. Da wir uns nicht auskannten, schauten wir einfach, was uns von der Optik her gefiel; wir wurden auch schnell fündig.

Als wir eintraten, stockte mir der Atem – es war ein superedles Restaurant mit allem, was dazu gehört: Empfang, Garderobe, Kellner mit Serviette am Handgelenk ...

Ich wollte eigentlich gleich wieder gehen, das war doch viel zu teuer, aber mein Mann erwiderte: „Doch, das ist jetzt genau das Richtige für dich, denn du bist eine Prinzessin und sollst auch als solche behandelt werden."

Was hat mir das gutgetan – dieser Satz und auch, wie ich dort bedient wurde: wirklich wie eine Prinzessin. Durch meinen Mann hat mein Vater im Himmel mir noch viele weitere Male gezeigt, dass ich seine Prinzessin bin, kostbar und wertvoll – und das tut er weiterhin geduldig und oft sehr praktisch.

ERMUTIGUNG

Dennoch brauchte ich an dieser Stelle immer wieder Ermutigung und Hilfe. Ich hängte mir Bilder an die Wand von Prinzessinnen und Bibelverse über Gott als meinen Vater und ich stellte mir Kronen auf, um mich daran zu erinnern, wer ich in seinen Augen, wer ich in Christus bin.

Ich war wie ein trockener Schwamm, sog alles in mich auf. Wenn ein Schwamm sehr ausgetrocknet ist und lange Zeit nichts aufgesaugt hat, braucht er eine ganze Weile, um sich wieder vollzusaugen. So war es auch bei mir: All der Mangel an Angenommensein, Wertschätzung und bedingungsloser Liebe brauchte lange, bis er aufgefüllt war.

Vor fünfzehn Jahren hat Gott, mein himmlischer Vater, mir durch einen reifen Glaubensbruder zugesagt:

„Diana, du bist meine Prinzessin und du wirst in einem Schloss wohnen statt in einer alten Hütte. Das Alte und Schlechte in deinem Leben wird sich nicht wiederholen.

Du bist schön und wunderbar. Du wirst das Gute und Vollkommene sehen und erleben.

Ich führe und leite dich, deine Schritte werden fest.

Ich heile alle deine Verletzungen und schenke dir Frieden und Freude.

Ich liebe dich und sorge für dich."

Diese Worte meines himmlischen Vaters habe ich aufgeschrieben und immer wieder gelesen. Sie erfüllen sich immer noch und oft erinnert Gott mich daran, wenn ich den Mut verliere und traurig bin – dann weiß ich wieder:

Ich bin auf einem guten Weg. Gott ist da, er sieht mich, er hat mich nicht vergessen und leitet mich genau so, wie es für mich gut ist. Ich weiß: Er will nur mein Bestes.

Dieses und andere Worte lese ich bis heute immer wieder; sie berühren meine Seele und so heilt Gott mein Selbstwertgefühl. Meine Gedanken, ich wäre nichts wert, man hätte mich vergessen und „keiner liebt mich", diese Gedanken streicht er durch.

Er gab mir eine neue Identität – ich bin die geliebte Tochter des allerhöchsten Königs! Das eigne ich mir ganz bewusst an.

ABER GOTT WIRD MEINE SEELE

AUS DER GEWALT DES TOTENREICHS ERLÖSEN;

DENN ER WIRD MICH AUFNEHMEN!

PSALM 49,16

NUR AUF GOTT WARTET STILL MEINE SEELE;

VON IHM KOMMT MEINE RETTUNG.

PSALM 62,2

FREUNDLICHE WORTE SIND WIE HONIG –

SÜSS FÜR DIE SEELE UND GESUND FÜR DEN KÖRPER.

SPRÜCHE 16,24

Ich möchte jeden ermutigen, der ebenfalls eine Vaterwunde trägt: Gib nicht auf! Dein Vater im Himmel sieht dich auch dann, wenn du selber nichts davon spürst.

Innere Heilung und besonders die von Wunden, die Vater und Mutter geschlagen haben, ist oft ein sehr langer und schwieriger Prozess, er erfordert sehr viel Vergebung, Geduld und Durchhaltevermögen – aber es lohnt sich! Und Gott gibt uns Rückenwind und tut uns wohl auf Schritt und Tritt.

Oft ist es ein Fallen und Aufstehen, so nach dem Motto: „Hinfallen – aufstehen – Krone richten – weiter-gehen"; aber wir sind nicht allein: Da sind Geschwister, die uns ermutigen, und wir haben Gottes Wort, das trägt uns und schenkt uns neuen Mut.

Gott, unserem Vater, liegt sehr daran, dass wir lernen, ihm zu vertrauen und seiner Liebe zu glauben.

Um das zu erreichen, wird er Himmel und Erde in Bewegung setzen! Darauf kannst du dich verlassen; ich habe es selbst erlebt und tue es noch.

DARUM, WEIL DU KOSTBAR BIST IN MEINEN AUGEN
UND WERTGEACHTET UND ICH DICH LIEB HABE,
SO GEBE ICH MENSCHEN FÜR DICH HIN
UND VÖLKER FÜR DEIN LEBEN.

JESAJA 43,4

DENN GOTT HAT DIE WELT (DICH UND MICH)
SO SEHR GELIEBT, DASS ER SEINEN EINZIGEN SOHN HINGAB,
DAMIT JEDER, DER AN IHN GLAUBT,
NICHT VERLOREN GEHT, SONDERN DAS EWIGE LEBEN HAT.

JOHANNES 3,16 NLB

Ich zum Beispiel habe fast 20 Jahre gebraucht, um Gott in der Tiefe meines Herzens zu glauben, dass ich gewollt und geliebt bin und nicht irgendein Unfall oder Versehen. Ich war seit Jahrzehnten Christ, als ich endlich begriff: Als ich gezeugt wurde – ob meine Eltern sich nun ein Kind wünschten oder nicht –, hatte Gott schon „Ja" zu mir gesagt. Er wollte mich haben, genau zu diesem Zeitpunkt und durch diese Eltern, auch wenn die Umstände nicht schön waren.

Mit diesem Blick konnte ich auch ein Ja zu mir selbst finden, musste mich nicht mehr ungewollt und abgelehnt fühlen und konnte meinen Eltern dankbar sein, dass sie mir das Leben geschenkt haben; Gott hatte sie gebraucht, weil er mich auf dieser Welt haben wollte.

Ehe ich dich im Mutterleib bildete,

habe ich dich ersehen,

und bevor du aus dem Mutterschoß hervorkamst,

habe ich dich geheiligt.

Jeremia 1,5

UNFALLSERIE? SCHLUSS DAMIT!

Mit gerade mal dreißig Jahren konnte ich schon auf über zwanzig Unfälle zurückblicken; im Schnitt hatte ich alle anderthalb Jahre einen gehabt, meistens Verkehrsunfälle, und mehrfach wurde ich dabei schwer verletzt.

Den ersten Unfall, an den ich mich erinnern kann, hatte ich mit ungefähr vier Jahren: Ich wollte über die Straße vor unserem Haus. Rechts und links parkten Fahrzeuge und ständig kamen neue Autos. Ich wartete schon so lange!

Endlich hatte ich eine Idee: Was ich nicht sehe, ist auch nicht da; also hielt ich mir die Augen zu und lief einfach los – und es kam, wie es kommen musste: Genau in diesem Moment kam ein Kleinbus mit Arbeitern, die nach Hause fuhren. Wegen der parkenden Autos sahen sie mich erst, als es schon zu spät war; die Vollbremsung brachte das Fahrzeug zum Schleudern und es erwischte mich mit den Hinterrädern.

Ich weiß nur noch, dass ich irgendwie auf allen Vieren zurückhumpelte und furchtbar weinte und schrie. Meine Oma und meine Mutter kamen sofort.

Auch der Fahrer kam gerannt; er war erleichtert, dass mir nichts Schlimmeres passiert war. Er hob mich hoch und trug mich nach drinnen, wo Oma mir die übel aufgeschürften Knie behandelte und verband (Fortsetzung im Kapitel „Vergebung" im Abschnitt „Schicht um Schicht").

Einmal wurde ich auf dem Fußgängerüberweg übersehen und einige Meter mitgeschleift – ich konnte mich an der Stoßstange festhalten, so blieb wenigstens mein Kopf einigermaßen heil –, eine lange Betontreppe fiel ich rücklings hinunter, an einer Baustelle fiel ein Brett vom Gerüst und mir auf den Kopf ... um nur ein paar dieser Unfälle aufzuzählen.

Kurz, nachdem ich Jesus Christus als meinen Herrn und Retter angenommen hatte, wurde ich aufmerksam auf ein Buch von Dr. Derek Prince: *Segen oder Fluch? Sie haben die Wahl.* Unter anderem schrieb Dr. Prince von Unfallserien und anderen längeren „Pechsträhnen", zum Beispiel mit Erkrankungen oder Todesfällen, er nannte sie „Flüche" bzw. Folgen davon; ich verschlang dieses Buch und erkannte mich gleich mehrfach wieder.

Dieses Buch war wie für mich geschrieben! Natürlich zeigte es auch einen Ausweg, also, wie man diese Strähnen kappen kann; ich denke, Gott selbst hat es so geführt, dass ich es in die Hände bekam. Als ich mit dem Buch durch war, betete ich wie empfohlen; danach war dieses Thema für mich abgeschlossen, ich vergaß es wieder.

Was in dem Buch stand, war für mich irgendwie ganz normal, jedenfalls nichts Besonderes; wenn ich anderen davon erzählte und sie sich wunderten, konnte ich das nicht nachvollziehen.

RICHTIG HEFTIG

Nicht lange danach hatte ich einen schweren Verkehrsunfall und im Jahr darauf noch einen; jedes Mal musste ich mit einem schweren Schleudertrauma in der Halswirbelsäule für ein paar Tage ins Krankenhaus.

Beim zweiten Mal war das erste Schleudertrauma noch nicht auskuriert und der Arzt sagte zu mir: „Noch so ein Unfall und Sie landen im Rollstuhl, das verkraftet Ihre Wirbelsäule nicht mehr."

Ich nahm es zur Kenntnis, aber ich hatte so viel um die Ohren, dass ich mich nicht weiter damit beschäftigte.

„SO, DAS WAR'S JETZT"

Exakt ein Jahr später sollte es dann zu noch einem Unfall kommen, und der war der schwerste und schlimmste in dieser Serie.

Ich erinnere mich noch genau: Frühmorgens, es war noch dämmerig, fuhr ich zum Dienst; auf der Fahrt hörte ich gerne Lobpreismusik, so auch an diesem Morgen. Auf einmal hatte ich das Empfinden, ich solle beten; aber ich war noch müde und hatte keine Lust, außerdem lief doch Lobpreismusik … Jedenfalls schob ich diesen Gedanken weg.

Das Empfinden, ich solle beten, kam aber wieder und verstärkte sich noch, es war nun wie ein Drängen vom Heiligen Geist, sofort zu beten. Jetzt gab ich diesem Impuls nach, er war wirklich drängend und intensiv. Ich betete – was, kann ich nicht mehr sagen –, und beim „Amen" …

Plötzlich, wie aus dem Nichts, sah ich auf meiner Spur etwas stehen, etwas Großes, Schwarzes. Ich wollte nach rechts ausweichen auf den Grünstreifen; das ging aber nicht, das tat schon das Fahrzeug vor mir und für mich war kein Platz mehr.

Außerdem war der Fahrer gerade dabei, auszusteigen; ich hätte ihn angefahren. Nach links auszuweichen, das getraute ich mich nicht.

Denn vor uns war eine Kuppe, so konnte man nicht sehen, ob Gegenverkehr kam. Zum Bremsen war es auch zu spät, das hätte ich nicht mehr geschafft.

Dies alles geschah in Bruchteilen von Sekunden, ich musste schnell entscheiden. Den großen schwarzen Gegenstand wollte ich nicht anfahren und auch nicht erfassen, wer weiß, was das war – es sah aus wie ein großer Kühlschrank in schwarzer Folie. Also wich ich doch nach links aus in der Hoffnung, dass mir nichts entgegenkommt und die Straße frei ist. Genau in dem Moment sah ich das Führerhaus eines Tanklastzuges auf mich zukommen!

Sofort lenkte ich zurück auf meine Spur und versuchte doch eine Vollbremsung. Das Auto fing an zu schleudern, die Bremsen blockierten; auch erfasste ich den schwarzen großen Kasten, aber der war dann plötzlich weg.

Ich versuchte, das Auto unter Kontrolle zu bringen, was mir aber nicht gelang. Ich sah nur noch diesen Tanklastzug auf mich zukommen. Irgendwann schloss ich die Augen und klammerte mich ans Lenkrad mit dem Gedanken: „So, das war's jetzt."

Wie oft hatte ich gehört, dass in solchen Situationen das eigene Leben wie in einem Film an einem vorbeiläuft; das erlebte ich jetzt selbst: Vor meinem inneren Auge sah ich viele Situationen aus meinem Leben in Abfolge ablaufen.

Dann krachte es ganz gewaltig und mein Fahrzeug kam zum Stillstand. Ich war mit meinem Auto bis zur Hälfte unter den Lkw gerutscht; meine Rettung war nur, dass ich zuvor kurz an seinem linken Vorderreifen abgeprallt war (damals hatten die Lkw noch keinen Aufprallbügel).

Das wurde mir aber erst später bewusst bzw. mitgeteilt, denn ich stand massiv unter Schock, wusste nicht so recht: Lebe ich noch oder träume ich nur?

Ich räumte im Auto auf und schaffte es erstaunlicherweise, nach draußen zu kommen; dann lief ich im Schock den fahrenden Autos entgegen und hielt sie an mit der Bitte, mich doch zur Arbeit zu fahren, da ich sonst zu spät käme. Das hätte mich das Leben kosten können – ich war drauf und dran, den berühmten „Unfall nach dem Unfall" zu bauen.

Irgendjemand setzte einen Notruf ab und der Notarztwagen kam umgehend. Der Arzt wollte mich gleich mitnehmen; da ich aber, immer noch unter Schock, auf der Straße umherlief und zur Arbeit wollte, musste er sich etwas einfallen lassen, um mich zum Krankenwagen zu locken.

Er meinte, er müsse mir nur kurz den Blutdruck messen, dann dürfe ich zum Arbeiten, und er würde mir eine Mitfahrgelegenheit besorgen. Damit war ich einverstanden.

Als ich am Fahrzeug war, schlug er mir sehr freundlich vor, mich fürs Messen doch kurz hinzulegen, dann könne er den Wert exakt bestimmen – natürlich war ihm klar, wie es um mich stand. Also gut, ich legte mich hin, und kaum lag ich, da ließ der Schock nach und ich bekam starke Schmerzen in Nacken und Rücken.

Auch der Fahrer des Tanklasters stand unter Schock, hatte er doch das Ganze im Seitenspiegel beobachtet; er war überzeugt: Das kann niemand überlebt haben!

Freudig-fassungslos sagte er immer und immer wieder, das könne nicht mit rechten Dingen zugegangen sein.

Da seien sicher Tausende von Engeln gewesen, die das verhindert und dafür gesorgt hätten, dass ich noch lebe. Er war so dankbar; zwar hatte er keinerlei Schuld, aber mit dem Gedanken, jemand wäre durch seinen Lkw tödlich verunglückt, hätte er nur schwer weiterleben können.

DENN ER WIRD SEINEN ENGELN
DEINETWEGEN BEFEHL GEBEN,
DASS SIE DICH BEHÜTEN AUF ALLEN DEINEN WEGEN.
PSALM 91,11

Und das schwarze Ding auf der Straße? Das waren Styroporplatten in schwarzer Folie; die hatte ich erfasst und dann waren sie in tausend Bruchstücken durch die Gegend geflogen. Ich hätte also einfach weiterfahren können und es wäre nichts Schlimmes passiert.

Der Block war von einem anderen Lkw gefallen, zum Glück vermisste der ihn irgendwann und kam zurück, um danach zu suchen und seine Ladung wieder aufzunehmen. So war es später einfach, den Schaden zu regulieren – er wurde bezahlt von der Versicherung der Firma, die die Styroporplatten verloren hatte. Gott dachte wirklich an alles.

DAS GEDANKENKARUSSELL

Nun wurde ich umgehend ins nächste Krankenhaus gefahren, wo ich untersucht und stationär aufgenommen wurde.

Im Bett kam etwas Neues hinzu: Zu den Schmerzen im Nacken fingen auch noch meine Arme und Beine an zu kribbeln, sie fühlten sich leicht taub an.

Au weia! Was hatte der Arzt letztes Jahr gesagt? „Noch so ein Unfall und Sie landen im Rollstuhl, das verkraftet Ihre Wirbelsäule nicht mehr." Jetzt bekam ich es doch mit der Angst zu tun! In meinem Kopf schwirrte ein Gedankenkarussell, ich konnte es nicht stoppen.

Mein Hauskreisleiter kam zu Besuch und schlug mir vor, die Gemeindeleitung zu informieren; er erinnerte mich an das Ältestengebet nach Jakobus 5,13–18. Ja, genau, wie damals bei Anne!

Es kam dann auch meine Pastorin, um mich zu besuchen und für mich zu beten. Im Krankenhaus gab es eine kleine Kapelle; dort gingen wir hin. Ich bekannte eine Sünde, die Gott mir zeigte; sie salbte mich mit Öl und legte mir die Hände auf.

Danach ging es mir emotional besser – das Gedankenkarussell kam zur Ruhe – und auch das Kribbeln in Armen und Beinen hörte auf. Die Schmerzen im Nacken allerdings blieben; durch ein MRT stellte sich später heraus, dass ich zwei Bandscheibenvorwölbungen hatte.

Wie unter einer dunklen Decke

Nach der Entlassung musste ich für längere Zeit in eine Unfallklinik, da die Beschwerden und Schmerzen sich einfach nicht bessern wollten; oft war ich krankgeschrieben, in diesem Zustand konnte ich meinen Beruf als Krankenschwester nicht in vollem Umfang ausüben.

Dort legte man mir nahe, meinen Beruf aufzugeben und eine Umschulung zu machen – mit dem Hinweis, mein Rücken wäre zu sehr geschädigt, als dass ich noch in meinem Beruf arbeiten könnte.

Zudem wurde mir empfohlen, nicht mehr zu wandern, zu schwimmen und Fahrrad zu fahren. Diese Sportarten wären für meinen Rücken, insbesondere die Halswirbelsäule, zu belastend. Und damit nicht genug: In spätestens fünf Jahren, meinten sie, würde ich wiederkommen und mir einige Nackenwirbel versteifen lassen müssen.

Aber ich war doch gerade mal Anfang dreißig! Ich wollte leben und Spaß haben, mich uneingeschränkt bewegen können ohne Schmerzen. Ich liebte meinen Beruf, und ich genoss es zu wandern, zu radeln und zu schwimmen! Das alles sollte jetzt vorbei sein?

Irgendwie versuchte ich, meinen Alltag zu bewältigen; aber ab jetzt hatte ich immer wieder das Gefühl, als wäre eine dunkle Decke über mir: Ich hatte keine Freude mehr im Herzen, war oft traurig und frustriert. Wie konnte das sein? Ich hatte doch Jesus in meinem Herzen! Warum nur hatte ich das Gefühl, dass alles so schwer und so dunkel ist?

Körperlich ging es mir wieder recht gut; gegen den Rat der Ärzte arbeitete ich weiterhin als Krankenschwester und hatte dabei keine größeren Probleme.

Doch nun zurück in die erste Zeit nach dem Unfall.

MERKWÜRDIG

Merkwürdig, jetzt lag ich zum dritten Mal hintereinander zur Osterzeit im Krankenhaus, und alle drei Unfälle waren einander sehr ähnlich. Das konnte nun wirklich kein Zufall sein! Dennoch kam ich in dem Moment nicht auf den Gedanken, hier könnte ein Fluch vorliegen; auch dachte ich nicht an das Buch von Dr. Prince, das mir damals so zugesagt hatte.

Eines war mir nach diesem letzten schweren Unfall allerdings klar: Noch so einen Unfall würde ich nicht überleben.

Diese Gewissheit hatte ich stark im Herzen – ich hoffte nur, dass es nicht so weit käme; und die ganze Therapie danach hielt mich reichlich auf Trab, so dachte ich nicht weiter darüber nach.

BEFREIT UND GEHEILT

Eine gute Freundin, mit der ich damals viel Zeit verbrachte, schlug mir vor, mit ihr auf eine Gebets- und Fastenwoche zu fahren – dort habe sie schon viel Gutes erlebt. Gute Idee, dachte ich, und schloss mich an.

Es war schön, mit so vielen gläubigen Frauen zusammen zu sein; ich genoss den Lobpreis, die gute Gemeinschaft, die ermutigenden Vorträge.

Aber nichts von alledem berührte mich, im Gegenteil: Das Gefühl der Finsternis und Bedrückung in mir verstärkte sich noch, ich spürte nur Schwere und Dunkelheit. Ich konnte es mir nicht erklären!

Nach ein paar Tagen fragte meine Freundin Sonja, was denn los sei – worauf ich nur erwidern konnte, ich wolle nach Hause und würde auf keinen Fall noch länger hierbleiben.

Sonja versicherte mir, sie würde mit mir nach Hause fahren; aber vorher, so legte sie mir ans Herz, sollte ich doch wenigstens noch die Sprecherin bitten, für mich zu beten. Ich hatte zwar keine Ahnung, wofür ich sie denn beten lassen sollte; mir kam alles so diffus vor und ohne ersichtlichen Grund. Was sollte ich ihr denn sagen? Dennoch, ich war einverstanden.

So gingen wir beide, Sonja und ich, nach dem nächsten Vortrag zur Sprecherin und baten sie, für mich zu beten. Debora war sehr freundlich und sofort dazu bereit; sie führte mich in eine kleine Gebetskammer, die war extra dafür da, dass man zum Beten ein ruhiges Plätzchen hatte oder sich einfach zurückziehen und auf Gott hören konnte.

Debora bot mir einen Stuhl an, trat zu mir und begann, für mich zu beten; doch bald schon stockte sie und trat einen Schritt zurück, um mir zu erklären, das würde sie nicht allein machen wollen; ich möge warten, sie würde Verstärkung holen.

Da saß ich nun und hatte keine Ahnung, was da abging – ich wollte doch nur ein Segensgebet und dann nach Hause. Was war hier los?

Nach wenigen Minuten kam Debora mit einer weiteren Leiterin; eine stellte sich hinter mich, die andere vor mich und sie fingen an, in neuen Sprachen zu beten – um mir schon bald mitzuteilen, sie hätten den Eindruck, auf meinem Leben läge ein Todesfluch oder sogar mehrere; außerdem fragten sie mich, ob mir in der Familie Inzest bekannt sei.

Jetzt fielen mir meine vielen Unfälle ein und ich erinnerte mich, dass ich eigentlich hätte abgetrieben werden sollen, wie mein Vater mir erzählt hatte.

Und noch etwas fiel mir ein, das war mir immer etwas suspekt gewesen, ich hatte aber nie weiter darüber nachgedacht: Meine Oma nannte mich oft „Mäuschen", woraufhin ich sie einmal fragte, warum sie mich so nenne. Sie erzählte mir, als meine Mutter mit mir schwanger war, habe sie sich oft auf die Stufen zum Keller gesetzt und darauf gewartet, dass Mäuse kommen würden.

Das hatte mich sehr verwundert, zumal ich wusste, dass meine Mutter eine ausgewachsene Mäusephobie hat: Sobald sie eine sieht, tickt sie total aus und wird hysterisch.

Nun dachte ich, dass sie dadurch einen natürlichen Abgang provozieren wollte – warum sonst wäre mir das gerade jetzt eingefallen? Ich denke, dass dies eine Erinnerung vom Heiligen Geist war; der wollte mich in die komplette Freiheit führen.

Das heißt: Schon vor meiner Geburt wünschte mir jemand den Tod.

Und jetzt purzelten die Erinnerungen geradezu: Der sonnige Vormittag, an dem ich mich umbringen wollte, weil ich nicht mehr leben, sondern tot sein wollte – im letzten Moment hatte das Kinderlachen mich zurückgehalten.

Als meine Oma starb, sagte ich noch am selben Tag, nun sei auch mein Leben zu Ende. Mein früherer Mann hatte mir mehrfach den Tod gewünscht; nach einem meiner Unfälle sagte er: „Schade, dass du nicht verreckt bist", und einmal sagte er es mir direkt ins Gesicht, er wünsche mir den Tod.

All das erzählte ich den beiden Frauen; die eine betete still, die andere ermutigte mich, weiter auszupacken. So erzählte ich auch den Vorfall mit meinem Vater, als er zu mir ins Bett kam (später erfuhr ich, dass er das bei all seinen Töchtern versucht hatte, teilweise mit Erfolg).

Wir legten dann alles im Gebet Gott hin. Ich vergab allen, die mir den Tod gewünscht hatten, jedem einzeln und namentlich, einschließlich mir selbst, und auch nochmals meinem Vater.

Dann brachen sie im Namen Jesu die Todesflüche und den des Inzests über meinem Leben, stellten mich unter Gottes Schutz und das kostbare Blut Jesu, legten mir die Hände auf und beteten für mich und segneten mich.

CHRISTUS HAT UNS LOSGEKAUFT

VON DEM FLUCH DES GESETZES,

INDEM ER EIN FLUCH WURDE UM UNSERTWILLEN

(DENN ES STEHT GESCHRIEBEN:

„VERFLUCHT IST JEDER, DER AM HOLZ HÄNGT"),

DAMIT DER SEGEN ABRAHAMS ZU DEN HEIDEN KOMME

IN CHRISTUS JESUS,

DAMIT WIR DURCH DEN GLAUBEN DEN GEIST EMPFINGEN,

DER VERHEIßEN WORDEN WAR.

GALATER 3,13–14

Ja, durch Jesus Christus bin ich befreit vom Fluch und von allem, was mir den Segen, den er verheißen hat, rauben will; denn am Kreuz von Golgatha hat er all meine Schuld, meine Leiden, meine Schmerzen und die Flüche für mich getragen.

Jetzt danke ich ihm von Herzen und darf den Segen inklusive Befreiung und Heilung im Glauben für mich in Anspruch nehmen.

Nach dieser besonderen Stunde war ich müde und erschöpft, aber glücklich – spürte ich doch sofort, dass diese Dunkelheit und Bedrückung weg war!

Ich brauche wohl nicht zu sagen, dass ich bis zum letzten Tag blieb.

ALL DIE JAHRE ACHTGEGEBEN

Was soll ich noch sagen? Gott ist einfach nur gut, alle Ehre gebührt nur ihm! Denn nicht nur vom Fluch bin ich befreit, sondern auch von all den Beschwerden durch die Unfälle: Ich fahre wieder Fahrrad, gehe leidenschaftlich gerne wandern und schwimme wieder und das alles ohne Schmerzen – nachdem ich im Glauben meine Befreiung und Heilung angenommen hatte.

Am Anfang hat es mich schon etwas Überwindung gekostet, all das wieder zu tun. Zunächst hatte ich noch leichte Beschwerden.

Aber ich habe mich immer wieder daran erinnert, was Gott in seinem Wort sagt, und es im Glauben für mich angenommen (das Schauen kam später), es immer wieder ausgesprochen oder laut gelesen, so konnte ich es zudem auch noch hören.

Das ist jetzt schon 25 Jahre her; ich brauchte mir nie einen Wirbel versteifen zu lassen. Das letzte Wort hat Gott, nicht die Ärzte.

Heute sehe ich: Auch vor jener Befreiung hat Gott mich all die Jahre bewahrt und seine Hand über mich gehalten, auch bevor ich ihn kennenlernte – bei all den vielen Unfällen hatte ich mir nie irgendetwas gebrochen und keine größeren Verletzungen davongetragen.

Bis auf die letzten drei Unfälle lag ich nie wegen eines Unfalls im Krankenhaus; und durch die letzten drei wurde ich darauf aufmerksam, dass hier noch etwas im Argen lag. So musste auch das mir zum Besten dienen.

Wie oft hat der Gedanke daran mich ermutigt, besonders in Momenten, in denen ich „nichts mehr sehen" konnte und kaum noch Hoffnung hatte!

Dann war es mir manchmal so, als würde Gott sagen: „Sollte ich all die Jahre auf dich achtgegeben und dich beschützt haben, wenn ich keine Zukunft für dich hätte?"

HERR, ICH WILL DIR VON GANZEM HERZEN DANKEN

UND VON DEINEN WUNDERN ERZÄHLEN.

ICH WILL MICH ÜBER DICH FREUEN

UND DEINEN NAMEN LOBEN, DU HÖCHSTER.

PSALM 9,2–3 NLB

Das war und ist für mich die einzig richtige Antwort: Ich möchte zu Gottes Ehre erzählen von all dem, was er in meinem Leben getan hat, und ihm allezeit dafür dankbar sein und ihn loben. Denn aus all dem hat er mich errettet, weil er mich liebt und weil ich für ihn wichtig und wertvoll bin.

FESTHALTEN

UND IM VORAUS DANKEN

SO DEMÜTIGT EUCH NUN
UNTER DIE GEWALTIGE HAND GOTTES,
DAMIT ER EUCH ERHÖHE ZU SEINER ZEIT!
ALLE EURE SORGE WERFT AUF IHN; DENN ER SORGT FÜR EUCH.
SEID NÜCHTERN UND WACHT!
DENN EUER WIDERSACHER, DER TEUFEL,
GEHT UMHER WIE EIN BRÜLLENDER LÖWE
UND SUCHT, WEN ER VERSCHLINGEN KANN;
DEM WIDERSTEHT, FEST IM GLAUBEN,
IN DEM WISSEN, DASS SICH DIE GLEICHEN LEIDEN
ERFÜLLEN AN EURER BRUDERSCHAFT, DIE IN DER WELT IST.

1. PETRUS 5,6–9

Vor ein paar Jahren war ich mit meiner ältesten Tochter in der Stadt, ein paar Dinge einkaufen; auf dem Heimweg fuhr uns auf einer Kreuzung ein anderes Auto in die Seite. Meines sah ziemlich übel aus und war auch nicht mehr fahrtüchtig.

Noch an der Unfallstelle wurde mir bewusst: Es war ein paar Tage vor Ostern! Auch die letzten drei Unfälle waren immer um die Osterzeit gewesen.

Wie eine Welle stürzte die Erinnerung auf mich ein und ich brach in Tränen aus, was mein Unfallgegner sofort als Schuldeingeständnis bewertete.

(Zum Glück gab es Zeugen, die das Geschehen beobachtet hatten und ganz klar angaben, dass mein Unfallgegner bei Rot über die Ampel gefahren war.)

Hat „es" jetzt doch wieder angefangen, geht es jetzt so weiter wie vor jenem Befreiungsgebet auf der Fastenwoche? Furcht ergriff mich, ich war extrem verunsichert. Aber, Gott sei Dank: Noch an der Unfallstelle kam mir der Gedanke (erinnerte mich der Heilige Geist): „Nein – STOPP, das nehme ich jetzt nicht an! Es ist alles erledigt, Jesus hat mich befreit vom Fluch. Das, was war, ist vorbei und erledigt, es gehört nicht mehr zu mir. *Ich bin errettet und frei!*"

Auf jener Kreuzung ging es mir wie schon Eva im Paradies, wo die Schlange sie fragte: „Sollte Gott gesagt haben?" Glücklicherweise habe ich durch Gottes Gnade festgehalten an dem, was Jesus am Kreuz für mich getan hat. Ich habe mich von ihm erinnern lassen, dass ich durch seine Wunden geheilt bin und durch sein teures Blut losgekauft von Sünde, Tod und Teufel – auch von diesem Todesfluch, der einst auf meinem Leben lag.

Zweifeln, versagen und fallen, das werden wir ab und zu; das ist auch gar kein Weltuntergang, wenn wir uns nur immer wieder erinnern an den, der alles für uns getan und getragen hat, und alles zu ihm bringen: all unsere Sorgen und Zweifel, alles Versagen und unsere Ängste, damit er für uns sorgen kann. Dann aber gilt: aufstehen, loslassen und weitergehen.

Vor einigen Jahren hat Gott in einer Gebetszeit zu mir gesagt: „Gib dich mir ganz; nur so kann ich dir die Hilfe geben, die du brauchst."

Gott tut uns keine Gewalt an; was ich ihm nicht gebe, kann er auch nicht verändern. Ich glaube, das ist eine Lebensaufgabe. Immer wieder kommen wir an solche Punkte, oder sagen wir, an unsere Baustellen, bei denen wir Hilfe brauchen.

...UND RUFE MICH AN AM TAG DER NOT,

SO WILL ICH DICH ERRETTEN,

UND DU SOLLST MICH EHREN!

PSALM 50,15

RUFT ER MICH AN, SO WILL ICH IHN ERHÖREN;

ICH BIN BEI IHM IN DER NOT,

ICH WILL IHN BEFREIEN UND ZU EHREN BRINGEN.

PSALM 91,15

Bei unserem Gott finden wir immer wieder die Hilfe, die wir brauchen. Wir müssen nur zu ihm gehen, ihm unser Herz ausschütten und alles hingeben – und dann ihm danken für das, was er getan hat.

Das ist manchmal eine Herausforderung, zumindest für mich: Gott danken für etwas, das ich noch nicht sehe; doch das gehört zum Christsein dazu, wenn man Gottes Verheißungen Glauben schenkt:

DENN WIR WANDELN IM GLAUBEN

UND NICHT IM SCHAUEN.

2. KORINTHER 5,7

So ehre ich ihn, weil ich ihm vertraue, dass er das, was er mir versprochen hat, auch tun wird.

Wer dieses Vertrauen nie gelernt oder erlebt hat, weil schon das Urvertrauen, diese tiefe emotionale Sicherheit und Geborgenheit des Ungeborenen und Säuglings, sich nicht entwickeln konnte, der hat es später sehr schwer, es zu entwickeln – und ich weiß gewiss, wovon ich spreche.

Aber ich habe auch erfahren, dass mein Herr und Gott sehr geduldig und liebevoll mit mir umgeht und mir Zeit lässt, Zeit zum Lernen und zur Veränderung. Und er gibt mir Rückenwind, ermutigt mich durch sein Wort, durch eine Predigt, durch Menschen und durch Bücher, die ich lese.

Darum gib auch du nicht auf! Es lohnt sich:

EIN DIEB WILL RAUBEN, MORDEN UND ZERSTÖREN.

ICH ABER BIN GEKOMMEN,

UM IHNEN DAS LEBEN IN GANZER FÜLLE ZU SCHENKEN.

JOHANNES 10,10 NLB

UND ICH WERDE EUCH DIE JAHRE ZURÜCKERSTATTEN,

WELCHE DIE HEUSCHRECKE, DER FRESSER, DER VERWÜSTER

UND DER NAGER VERZEHRT HABEN.

JOEL 2,25

All das habe ich erlebt und erlebe es noch, immer wieder. Mein Leben in Gottes Hände zu legen, das war die beste und weitreichendste Entscheidung, die ich in meinem Leben getroffen habe: Auch in der Ewigkeit werde ich bei meinem Herrn sein.

MEINE MACHT ÜBER MICH SELBST

MIR SELBST VERGEBEN

Viele Jahre hatte ich schon den Lebensstil der Vergebung praktiziert; aber mir selbst zu vergeben, damit hatte ich meine Mühe. Stattdessen klagte ich mich selbst an, wo ich bei mir Schwächen oder Versagen konstatierte.

(„Mir selbst vergeben", das bedeutet: Ich höre auf, mich anzuklagen, ich entlasse mich, weil Gott mir vergeben hat und weil er nicht mehr daran denkt.)

Gleichzeitig wunderte ich mich, dass es mir so schwerfiel, den Zusagen Gottes zu glauben und ihm Vertrauen zu schenken. Ich bekam es nicht hin, als geliebte Tochter Gottes zu leben – auch heute stolpere ich von Zeit zu Zeit an diesem Punkt.

Ja, ich bin ein Königskind, Tochter des Höchsten, eine Priesterin, Botschafterin Christi, seine Prinzessin, bin bedingungslos geliebt, angenommen (adoptiert) und aus Gott geboren, bin gesalbt und geehrt, ich habe Würde …

Aber ich schaute viel mehr auf mein Versagen und meine Schwächen und konnte nicht so recht glauben, dass ich in Gottes Augen nun all das bin, sein Kind, seine Königstochter.

Dazu eine Geschichte, mich hat sie sehr ermutigt; ich habe sie gehört von Pfarrerin Bärbel Wilde im ERF:

Ich erzähle Ihnen einmal ein schönes Märchen: Ein König lässt sich durch eine Stadt seines Königreiches fahren, auch durch die Slums. Er sieht einen kleinen schmutzigen Straßenjungen und schickt seinen Oberhofmarschall zu ihm mit der Nachricht: „Der König möchte, dass du sein Kind wirst!"

Der Junge begreift nicht. „Wer? Ich? – O ja!" Der König lässt ihn auf sein Schloss bringen. Es wird verkündet: „Das ist des Königs geliebtes Kind!" Danach beginnt eine Säuberungsaktion: Ab in die Badewanne. Alte Klamotten in den Müll. Neue Sachen zum Anziehen.

Der Junge weiß natürlich nicht, wie er sich als Königskind zu benehmen hat. Er hat viel zu lernen. Adel verpflichtet.

Immer wieder geht mal etwas schief: Er putzt sich mit dem Ärmel die Nase. Er isst mit den Fingern. Er schreit: „Ich will aber nicht brav sein!"

Aber der Junge ist adoptiert. Er bleibt das Kind des Königs. Trotz Pannen, Pech und Pleiten.

Was wäre gewesen, wenn der König dem Oberhofmarschall gesagt hätte: „Sag dem Jungen, er soll lernen, wie man sich als Königskind benimmt. Wenn er das geschafft hat, bin ich bereit, ihn zu adoptieren!"? Das wäre wahrscheinlich nie etwas geworden.[1]

Ich durfte lernen, mir selbst zu vergeben und die Patzer, die ich mir geleistet hatte, immer wieder Gott hinzulegen und ihn um Hilfe zu bitten. Immer wieder, immer wieder …

Egal, was ich tue oder nicht tue: Ich bin und bleibe Gottes geliebtes Kind. Wenn ich das nicht glaube und annehme, schade ich mir selbst und versage mir all das Wunderbare, das mein himmlischer Vater für mich bereithält; und mir entgeht die wunderbare, zärtliche, freudenspendende, verändernde Gemeinschaft mit ihm, dem Grund meines Daseins und meines Seins.

SELBSTAUFERLEGTE FLÜCHE

Oft habe ich mich mit meinen eigenen Worten selbst gebunden – diese Erkenntnis hat manchmal geschmerzt; aber auch dafür bin ich dankbar, denn sie hat mir Freiheit gebracht. Auch hier war mir das Buch von Derek Prince, *Segen oder Fluch*, sehr hilfreich.

Ich bat Gott um Vergebung und durfte lernen, auch mich selbst aus der Anklage zu entlassen – mir selbst zu vergeben.

Wo ich schlecht über mich selber gesprochen habe, habe ich diese Worte ausdrücklich zurückgenommen und stattdessen Gottes Aussagen über mich verkündet. Denn unsere Worte haben Macht, auch über uns selber:

WER GERN REDET, MUSS DIE FOLGEN TRAGEN,

DENN DIE ZUNGE KANN TÖTEN ODER LEBEN SPENDEN.

SPRÜCHE 18,21 NLB

Wie oft habe ich, wenn ich es wieder mal verhauen hatte oder in schwachen Momenten, Worte über mich selbst ausgesprochen, die nicht schön waren und schon gar nicht Gottes Worte – ich ließ einfach meinen Gefühlen freien Lauf und sprach aus, was ich gerade spürte, Worte wie:

- Gott hat mich vergessen, er sieht mich nicht.
- Bei mir ändert sich nichts!
- Für mich öffnet sich keine Tür.
- Ich bin nur Hausfrau und Putzfrau, sonst nichts.
- Das bekommen die anderen, nicht ich.
- Ich bin nicht richtig.
- Ich bin nicht gut genug.
- Ich habe nichts vorzuweisen.
- ... ist wertvoller als ich.
- ...

So setzte ich durch meine eigenen Worte all das Gute, das Gott mir verheißen hat, außer Kraft und ließ es mir wieder rauben, weil ich den Lügen in meinem Kopf mehr glaubte als dem Wort Gottes über mich.

Wann immer mir das bewusst wird, gehe ich auf die Knie und bitte meinen Gott um Vergebung dafür, dass ich den Lügen des Feindes und meinen eigenen Erfahrungen mehr geglaubt habe als dem, was er, Gott, über mich sagt, wer ich bin, und dem, was er mir zugesagt hat.

Das war und ist nicht immer einfach, zumal ich von den Lügen teilweise mehr überzeugt war als von Gottes Wahrheit – manche glaubte ich ja schon sehr lange.

Heute glaube ich, dass genau das der Kampf ist, von dem Paulus seinem jungen Mitarbeiter Timotheus schreibt:

ABER DU, TIMOTHEUS (SETZE DEINEN NAMEN EIN),
GEHÖRST GOTT …
BEMÜHE DICH UM EIN LEBEN, SO WIE GOTT ES WILL:
GEPRÄGT VON DER EHRFURCHT VOR GOTT,
VON GLAUBEN UND LIEBE,
GEFÜHRT MIT GEDULD UND SANFTMUT!
KÄMPFE DEN GUTEN KAMPF DES GLAUBENS.
HALTE AN DEM EWIGEN LEBEN FEST,
ZU DEM GOTT DICH BERUFEN HAT
UND FÜR DAS DU EIN GUTES BEKENNTNIS
VOR VIELEN ZEUGEN ABGELEGT HAST!
1. TIMOTHEUS 6,11–12 NLB

Dieser Kampf findet hauptsächlich in unseren Gedanken statt:

DESHALB ORIENTIERT EUCH NICHT AM VERHALTEN
UND AN DEN GEWOHNHEITEN DIESER WELT,
SONDERN LASST EUCH VON GOTT
DURCH VERÄNDERUNG EURER DENKWEISE
IN NEUE MENSCHEN VERWANDELN.
DANN WERDET IHR WISSEN, WAS GOTT VON EUCH WILL:
ES IST DAS, WAS GUT IST UND IHN FREUT
UND SEINEM WILLEN VOLLKOMMEN ENTSPRICHT.
RÖMER 12,2 NLB

Auch hier ist es so wie bei der Vergebung, so habe ich es oft erlebt: Ich muss mein falsches Denken Gott bekennen und geben, es als Lüge entlarven, Buße tun – das heißt: entschlossen mich davon abwenden – und dann stattdessen seine Gedanken denken, sein Wort in mich aufnehmen und aussprechen.

Das braucht Zeit, viel Zeit; die Gedanken und Lügen, die ich jahrzehntelang geglaubt habe, sind wie ein ausgetretener Pfad. Ich war gewohnt, darauf zu gehen; und das ist viel bequemer, als sich einen neuen Weg zu bahnen, denn ein neuer Weg ist ungewohnt und fühlt sich fremd an. So ist es auch mit neuen Gedanken: Sie kommen uns fremd und ungewohnt vor, ja, manchmal sogar falsch, auch wenn sie die Wahrheit sind.

Bis heute bin ich am Lernen, Gottes Wort mehr zu vertrauen als meinen eigenen Gedanken und Gefühlen – mehr dem zu glauben, was *ER* über mich und zu mir sagt als allem anderen.

VERTRAUE AUF DEN HERRN VON GANZEM HERZEN
UND VERLASS DICH NICHT AUF DEINEN VERSTAND.
SPRÜCHE 3,5

Dieser Vers begleitet mich nun schon viele Jahre, oft habe ich mich an ihm gerieben; aber ich durfte auch schon häufig erleben, dass Gott zu seinem Wort steht. Er hat mich noch nie enttäuscht! Ein markantes Beispiel habe ich weiter oben erzählt, am Anfang des Kapitels „Versorgung und materieller Segen".

Selbst wenn ich manches noch nicht sehen kann, hat er doch meine Schritte immer fester werden lassen und mein Vertrauen in ihn gestärkt; so weiß ich: Den Rest wird er auch noch hinbekommen!

> ... DER EUCH AUCH FEST MACHEN WIRD
>
> (D. H. GEISTLICH STARK UND GEWISS MACHEN)
>
> BIS ANS ENDE.
>
> 1. KORINTHER 1,8

Darauf vertraue ich von ganzem Herzen.

MEINE WORTE ÜBER ANDERE

Genauso wichtig wie mein Reden über mich selbst ist, was ich über andere ausspreche – sie könnten mich beim Wort nehmen:

> WER UNÜBERLEGT REDET, DER VERLETZT ANDERE,
>
> DIE WORTE DER WEISEN ABER SIND WIE BALSAM.
>
> SPRÜCHE 12,18 NLB

WAHRSAGEREI

PENDELN – KEIN SPAß, SONDERN TEUFLISCHER ERNST

Lange, bevor ich an Jesus und sein Erlösungswerk glaubte, fing ich an zu pendeln. Wir machten uns einen Spaß daraus, mit dem Pendel zu fragen, wie viele Kinder jemand bekommen wird, ob er mal heiraten wird usw.

Einmal besuchte ich meine Schwester Karin und schlug ihr vor, für sie zu pendeln, wie viele Kinder sie einmal bekommen würde. Sie war neugierig und stimmte zu. Irgendwann hörte ich damit wieder auf und vergaß das Ganze.

Jahre später, ich lebte schon mit meinem Herrn, erzählte Karin, sie sei wieder schwanger, das zweite Kind sei unterwegs. Ich freute mich mit ihr – wir hatten schon immer ein sehr enges, liebevolles Miteinander, bis heute. Wenige Wochen danach hatte sie einen Abgang und war sehr enttäuscht, hatte sie sich doch so auf ihr zweites Kind gefreut! Ich versuchte, sie zu trösten; aber sie sagte: „Eigentlich hast du mir das ja vor langer Zeit schon beim Pendeln gesagt, dass ich nur ein Kind haben werde. Drum soll es wohl so sein."

Was hatte ich da angerichtet mit diesem „Spaß"! Jetzt sah ich die Folgen davon und es tat mir unendlich leid. Ich hätte ja nie gedacht, dass meine Schwester das damals so ernst nahm. Ich schämte mich sehr und fühlte mich schuldig.

So tat ich Buße dafür, ich erklärte es für verkehrt und böse, dass ich mich auf okkulte Praktiken eingelassen hatte.

Im Nachhinein habe ich mich ausdrücklich davon distanziert und Gott dafür um Vergebung gebeten – und ebenso meine Schwester. Das, was ich damals als Spaß ansah, ist kein Spaß, sondern teuflischer Ernst. Es bringt mich und alle, die ich mit hineinziehe, in Gebundenheit und ist wie eine Fessel, die uns in Gefangenschaft und im Dunkel hält. – Aber auch hier durfte ich Gottes Gnade und Vergebung erleben.

HOROSKOP – UNTER JESU PERSÖNLICHEM SCHUTZ

Wenn wir unser Leben Jesus anvertraut haben und unter dem Schutz seines heiligen Blutes leben und dem Feind keine Tür öffnen, dann stehen wir unter dem Schutz Jesu und der Feind hat keine Macht über uns.

Meine Mutter ließ für das neue Jahr für sich und ihre Familie immer ein Horoskop erstellen. Einmal erzählte sie mir beiläufig davon; als sie die Wahrsagerin nach mir befragte, habe diese geantwortet, sie könne nur sagen, dass ich in guten Händen sei, aber sehen könne sie rein gar nichts.

Mir zeigt das klar, dass die okkulten Praktiken anderer Leute mir nichts anhaben können, weil ich unter dem Schutz von Jesu heiligem Blut stehe, unter seinem persönlichen Schutz.

TOP-SECRET!

Dies ist nun das letzte Kapitel meiner Lebensgeschichte; für mich ist es immer noch das schwierigste.

Unzählige Male habe ich meine Lebensgeschichte erzählt, beim Frauenfrühstück oder in Vorträgen bei Christen in Beruf, in Predigt und Zeugnis und natürlich im Einzelgespräch; nie jedoch dieses Kapitel meines Lebens – bis auf ein einziges Mal, bei einem Ermutigungsseminar, dort war ich Mitarbeiterin und erzählte meine Lebensgeschichte.

Durch die halböffentliche Reaktion einer Teilnehmerin auf diesen Aspekt meiner Biografie wurde ich so tief verletzt, dass ich danach nie wieder den Mut fand, davon zu erzählen.

Später bat die Dame mich um Vergebung, hatte sie doch aufgrund ihrer eigenen Wunde so reagiert; doch ich wollte so etwas nicht noch einmal erleben, es hatte einfach zu sehr wehgetan.

Wie eingangs erwähnt, hat Gott mir schon vor vielen Jahren ans Herz gelegt, meine Geschichte zu erzählen und aufzuschreiben, und in Predigt und Zeugnisbericht erzählte ich viele meiner Erlebnisse.

Aber meine ganze Lebensgeschichte öffentlich zu machen, dazu konnte ich mich nie durchringen – bis vor ein paar Jahren ein Bibelvers mir förmlich ins Gesicht sprang:

FÜRCHTE DICH NICHT, SONDERN REDE UND SCHWEIGE NICHT!

DENN ICH BIN MIT DIR,

UND NIEMAND SOLL SICH UNTERSTEHEN, DIR ZU SCHADEN.

APOSTELGESCHICHTE 18,9–10

„Herr, ich verstehe nicht – ich rede doch schon lange!?" Aber mir war klar: Dieses Wort galt mir, und es ließ mich nicht los. Am folgenden Sonntag ging ich nach dem Gottesdienst an den Büchertisch; dort fiel mein Blick sofort auf eine Karte. Sie zeigte ein Herz aus Gänseblümchen und in der Mitte stand: „In diese Welt gehört mehr Herz – mein eigenes". Nun begriff ich: Gott wollte nicht nur, dass ich rede, sondern dass ich meine ganze Geschichte erzähle, um andere zu ermutigen, was ich von da an auch tat. Daraufhin wurde ich richtig oft als Sprecherin eingeladen, aber diesen einen Teil meines Lebens, den ich nun offenlegen will, den behielt ich weiterhin für mich.

Nun aber liegt es mir sehr am Herzen, auch dieses Kapitel meines Lebens zu erzählen; dabei vertraue ich auf das Wort, das Gott mir gegeben hat, es gilt ja immer noch. Es fällt mir nicht leicht, aber ich möchte auch mit diesem Bereich meines Lebens abschließen, ihn ans Licht bringen und dann weitergehen.

FÜRCHTE DICH NICHT, SONDERN REDE

UND SCHWEIGE NICHT!

DENN ICH BIN MIT DIR,

UND NIEMAND SOLL SICH UNTERSTEHEN, DIR ZU SCHADEN.

APOSTELGESCHICHTE 18,9–10

RICHTIG ODER VERKEHRT?

Ungefähr drei Jahre nach meiner Entscheidung, mein Leben Jesus zu geben, traf ich eine weitere Entscheidung – und von der weiß ich bis heute nicht, ob sie richtig war oder verkehrt. Diese Entscheidung brachte für meine beiden Töchter und mich sehr viel Schmerz und Leid mit sich, sehr viele Tränen sind deshalb geflossen.

Vielleicht haben Sie sich beim Lesen schon mehrfach gefragt: „Und die Kinder? Wer hat sich um sie gekümmert, wenn Diana mit der Freundin in Urlaub war, auf der Gebetswoche, im Tagdienst?" Jetzt kommt die Antwort ...

Anne, meine jüngste Tochter, hatte seit zwei Jahren kein Rezidiv mehr gehabt und galt somit als geheilt; sie führte nun ein ganz normales Leben, außer dass wir zur Sicherheit noch regelmäßig zur Kontrolle mussten.

Sarah, meine Große, hatte sich prima entwickelt, es war eine Freude, sie so fröhlich zu sehen. Sie war in einem Sonderkindergarten untergebracht mit kleinen Gruppen und wurde bestens gefördert, so dass sie gerne dort hinging. Auch hatte sie Freunde gefunden, mit denen traf sie sich immer wieder. In der Gemeinde fühlten sich beide sehr wohl; sie erlebten Jesus auf ihre kindliche Weise.

Einmal waren wir in der Pizzeria, darum hatten sie mehrfach gebeten. Die Pizza kam und ich wünschte meinen beiden Lieblingen einen guten Appetit – aber Sarah protestierte lauthals: „Mama, zu Hause beten wir immer vor dem Essen. Das müssen wir hier aber auch machen." Ich war peinlich berührt, aller Augen waren auf mich gerichtet:

Was macht diese Mama wohl jetzt? Beschämt dankte ich Gott für unser Essen und bat ihn um seinen Segen dafür. Oder wenn es ihnen langweilig wurde – im Supermarkt vor der Kasse oder im Stau –, dann fingen sie an, Lobpreislieder zu singen. Laut und mit Begeisterung!

Ich erlebte Gottes Versorgung und hatte schon manches aus meinem Leben verarbeiten können; das Leben wurde ein wenig entspannter – was auch zur Folge hatte, dass ich mehr über mich nachdachte und über mein Leben; bisher war ich ja hauptsächlich damit beschäftigt gewesen, dass es meinen Kindern gut geht und unser Leben läuft.

Aber jetzt spürte ich immer häufiger diesen Mangel an „Leben" in mir, ich wollte wirklich leben und nicht nur funktionieren und ständig nur reagieren! Auch empfand ich Nachholbedarf, ich wollte auch mal an mich denken.

Ab und zu kam mir ein Gedanke in den Sinn – konnte das vielleicht die Antwort sein? – „Gib Sarah und Anne ihrem Vater und der Oma zurück." Dieser Gedanke ließ mir keine Ruhe mehr. Ich betete, ich holte mir Rat, konnte mich aber nicht entschließen.

Jeden Tag, wenn ich auf den Bus wartete, mit dem Sarah vom Kindergarten kam, lief ich an der Haltestelle hin und her wie ein Tiger im Käfig: Was soll ich tun? Wie soll ich mich entscheiden?

Das ging über viele Wochen so, bis jemand aus der Gemeindeleitung mich ermutigte, endlich eine Entscheidung zu fällen, und mir riet: „Gib sie ihrem Vater, er ist der Vater und hat ebenfalls Verantwortung für sie."

Also gab ich meine Sarah und meine Anne ihrem Vater zurück, die beiden zogen wieder in ihr Elternhaus und ich war nun allein in meiner Dreizimmerwohnung.

Ich hatte es mir gewiss nicht leichtgemacht, ich liebte meine Töchter; aber ich hatte auch das Gefühl, nicht mehr zu können – in so mancher Hinsicht war die Batterie einfach leer. Und dazu der Wunsch nach Leben, nach Freiheit: Einfach mal tun, wozu ich Lust habe! Meine Mutter war entsetzt: Wie kann eine Mutter nur ihre Kinder weggeben?! Mein Exmann setzte mich unter Druck und verlangte das alleinige Sorgerecht; leider überließ ich es ihm. Sarah wollte gar nicht weg von mir, wollte nicht beim Vater leben.

Ich hatte zunächst zwar Frieden über diese Entscheidung; dennoch ging es mir nicht gut dabei, denn mit den Konsequenzen musste ich leben, und die erwiesen sich im Laufe der Zeit für uns als furchtbar.

Glücklicherweise war ich in alledem nicht allein, meine Gemeinde stand hinter mir und stärkte mir den Rücken. Sie versicherten mir, dass meine Entscheidung nicht falsch war – ich hätte die Kinder ja nicht irgendjemandem gegeben, sondern ihrem Vater, der ja auch eine Verantwortung trage. Außerdem wäre es ihr Elternhaus, wo auch die Großeltern lebten; jetzt wären sie wieder im gewohnten Umfeld … und ich könne mich um mein Leben kümmern, weiter heilwerden.

Klaus und ich einigten uns darauf, dass ich für drei Monate zu meinen Töchtern keinen Kontakt haben solle, damit sie sich wieder einleben könnten; sie sollten sich nicht ständig hin- und hergerissen fühlen.

TRAUM: „NUR UNTER EINER BEDINGUNG!"

Anne war noch ein Baby und Sarah knapp zwei Jahre alt, da hatte ich einen Traum, der mich sehr beunruhigte; aber ich vergaß ihn schnell wieder. Erst jetzt fiel er mir wieder ein: Im Traum kam ein Mann in dunklem Anzug mit Hut zu mir und forderte mich auf, ihm meine Kinder zu geben. Ich war entsetzt, drehte mich von ihm weg und sagte ihm, er würde sie nicht bekommen, sie gehörten mir.

Er kam ein zweites Mal und forderte meine Kinder ein, diesmal mit mehr Nachdruck; und wieder gab ich ihm zu verstehen, meine Kinder bekäme er nicht, sie gehörten mir und blieben bei mir.

Er kam ein drittes Mal. Dieses Mal machte er mächtig Druck, ich müsse ihm unbedingt meine Kinder geben. Dieser Forderung hielt ich nicht mehr stand; ich sagte, ich würde sie ihm geben, aber nur unter einer Bedingung. Unter welcher, wollte er wissen, und ich schilderte sie ihm: Immer noch im Traum, bat ich ihn, die Kinder mir so lange zu lassen, bis sie zur Schule kämen, damit ich sie aufwachsen sehen und sie versorgen könne; dann würde ich sie ihm geben.

Letztlich geschah es dann auch so: Da Sarah aufgrund ihrer Entwicklungsverzögerung ein Jahr später eingeschult wurde, kamen beide im selben Jahr zur Schule, und so gab ich meine Töchter genau in dem Jahr ihrer Einschulung zurück ins Elternhaus ihres Vaters.

Dennoch bin ich bis heute nicht sicher, für wen oder was dieser Mann in dem Traum stand; auch in Gesprächen in der Seelsorge konnte mir niemand eine klare Aussage dazu geben. Also muss ich es einfach so stehen lassen.

Diesen Traum habe ich Jesus Christus, meinem Herrn, hingelegt in der Gewissheit: Er weiß alle Dinge; und er wird mir sagen, was er bedeutet, sollte das für mich wichtig sein, oder falls ich darauf noch reagieren müsste.

AUSHALTEN UND DURCHHALTEN

Was nun folgte, ging für mich oft an die Grenze des Erträglichen: In ihrem Elternhaus wurde meinen Töchtern vermittelt, sie wären mir egal und sie wären mir im Weg, darum hätte ich sie abgeschoben.

Oft waren sie so verunsichert, dass sie sich nur schwer entschließen konnten, wie verabredet jedes zweite Wochenende bei mir zu verbringen. Fast jedes Mal, wenn ich sie abholte, stand jemand von der Familie da und verunsicherte die beiden; so wussten sie manchmal gar nicht, ob es jetzt in Ordnung wäre, zu mir ins Auto zu steigen und mitzukommen.

Sarah entwickelte sich zurück, sie wurde wieder unselbstständig.

Da ihr Vater mit ihrer Entwicklungsverzögerung nicht zurechtkam, steckte er sie irgendwann für Wochen in die Psychiatrie; dann bekam er ein schlechtes Gewissen und holte sie von dort heraus – gerade in dem Moment, als sie sich den Therapeuten zu öffnen begann und bereit geworden war, sich helfen zu lassen.

Davon wusste ich gar nichts; wenn ich anrief, um meine Kinder zu sprechen, hieß es, Sarah wolle nicht mit mir telefonieren – dabei war sie gar nicht da. Danach war Sarah noch schweigsamer und verschlossener.

Auch wurden ihr zeitweise Psychopharmaka verabreicht, die fast apathisch machten und sie wie in einen Trancezustand versetzten. Als sie wieder einmal bei mir zu Besuch war, warf ich diese Pillen in die Toilette. Das brachte mir zwar erstmal richtig Ärger ein; aber immerhin wurden ihr diese Medikamente danach nicht mehr verabreicht.

Auch die neuen Bekanntschaften ihres Vaters kamen mit Sarah nicht zurecht, sie behandelten sie teilweise ungerecht und hart.

Ich litt unsäglich darunter, wie es meinen Töchtern erging, insbesondere Sarah; später erfuhr ich auch, dass darüber nachgedacht wurde, sie beide ins Heim zu stecken.

Einmal waren sie in den Ferien bei mir zu Besuch, da äußerten sie den Wunsch, wieder ganz bei mir zu sein.

Ein anderes Mal, Anne war allein bei mir gewesen, waren wir am Sonntagnachmittag auf der Rückfahrt. Ohne Vorwarnung griff sie mitten auf der Autobahn ins Lenkrad, begann zu weinen und sagte immer wieder, sie wolle nicht nach Hause, sie wolle bei mir bleiben. Ich musste anhalten, um sie zu trösten.

Ein anderes Mal war Sarah allein bei mir, wir saßen zusammen und sie sagte: „Mama, du hast mal zu mir gesagt, wenn man Jesus ganz fest um etwas bittet, dann tut er es auch. Also, ich möchte wieder für immer bei dir sein."

Solche Situationen schmerzten mich sehr, zumal ich mich dabei ohnmächtig und handlungsunfähig fühlte – hatte ich doch das komplette Sorgerecht an ihren Vater abgegeben und deshalb überhaupt keinen Einfluss mehr, nicht einmal ein Mitspracherecht.

Dann bereute ich meine Entscheidung bitter und brauchte danach selbst wieder Hilfe, um damit fertigzuwerden, weil ich mich selbst anklagte und schwer litt unter dieser meiner Entscheidung. Ohne die Unterstützung meiner Gemeinde wäre ich daran verzweifelt; doch wurde ich dort immer wieder aufgefangen und ermutigt. Dafür bin ich sehr dankbar.

Als ich mich stabiler fühlte, versuchte ich, das Sorgerecht zurückzuerlangen und meine Töchter zu mir zu holen – es war mir ja nicht aberkannt worden, ich hatte es „freiwillig" abgegeben.

In dieser Zeit wurden die beiden systematisch verunsichert: „Ihr könnt schon zu eurer Mutter gehen. Aber was ist, wenn sie krank wird und stirbt? Hier könnt ihr dann nicht mehr herkommen." Von da an hatten sie immer Angst, wenn ich irgendwie krank war.

Leider verlor ich den Prozess ums Sorgerecht; nun war es eben so und wir mussten irgendwie damit zurechtkommen. Jedes zweite Wochenende fuhr ich 350 km, um sie zu holen, und am Sonntag nochmals 350 km, um sie wieder zurückzubringen; an den Wochenenden dazwischen arbeitete ich wieder in Vollzeit als Krankenschwester. Die Schulferien waren immer etwas Besonderes, dann waren sie auch mal länger bei mir.

Wenn ich heute zurückdenke, staune ich darüber, wie viel Kraft und Gnade Gott mir in dieser Zeit geschenkt hat – allein schon, dass ich kein freies Wochenende hatte: Entweder war ich auf der Autobahn oder im Dienst. Dennoch: Um meine Kinder zu sehen, würde ich es wieder so machen.

Als sie selbst entscheiden konnte, kam Sarah wieder zu mir; Anne ist leider viel zu früh selbständig geworden.

Bis heute habe ich Mühe mit der Entscheidung, die ich damals getroffen habe und die uns so viel Leid gebracht hat; selbst jetzt beim Schreiben spüre ich noch Schmerz und kämpfe mit den Tränen. Vielleicht schreibe ich es jetzt auch deshalb, damit ich es ans Licht bringen und loslassen kann.

Meine beiden Töchter tragen es mir nicht nach, zu beiden habe ich heute eine liebevolle Beziehung; ich selbst bin noch dabei, mich selbst aus der Anklage zu entlassen.

Eines weiß ich gewiss: Gott klagt mich nicht an und er verurteilt mich auch nicht.

UND DARAN ERKENNEN WIR,
DASS WIR AUS DER WAHRHEIT SIND,
UND DAMIT WERDEN WIR UNSERE HERZEN VOR IHM STILLEN,
DASS, WENN UNSER HERZ UNS VERURTEILT,
GOTT GRÖSSER IST ALS UNSER HERZ UND ALLES WEISS.
1. JOHANNES 3,19–20

Wenn Menschen das tun, so sagt er:

WER VON EUCH OHNE SÜNDE IST,
DER SOLL DEN ERSTEN STEIN AUF SIE WERFEN!
JOHANNES 8,3 NLB

Mit den Konsequenzen musste ich allerdings zurechtkommen, was nicht immer leicht war. Aber auch da hat Gott mich nicht im Stich gelassen; er hat mir immer wieder Mut gemacht und mich getröstet.

Auch hier durfte und darf ich lernen, mit mir selbst gnädig zu sein und mir selbst zu vergeben, mich aus der Anklage zu entlassen.

Ich kann es nicht mehr rückgängig machen, aber ich brauche mich deshalb nicht selbst zu zerfleischen, sondern darf auch all das meinem Herrn hinlegen in dem Wissen, dass er sich darum kümmert und dass auch diese Situation mir und uns zum Besten dienen muss:

WIR WISSEN ABER,

DASS DENEN, DIE GOTT LIEBEN,

ALLE DINGE ZUM BESTEN DIENEN,

DENEN, DIE NACH DEM VORSATZ BERUFEN SIND.

RÖMER 8,28

„ICH MACHE ALLES NEU!"

Dies ist das erste Kapitel meines neuen Lebens – zumindest der Anfänge davon, denn Gott ist noch lange nicht fertig mit mir. Ich bin neugierig, welche Kapitel noch folgen und wie er sie füllen wird. Zwei Bibelverse haben mich in der intensiven Zeit der inneren Heilung und Wiederherstellung ermutigend begleitet:

> UND DER AUF DEM THRON SASS, SPRACH:
> SIEHE, ICH MACHE ALLES NEU!
>
> OFFENBARUNG 21,5

> UND ICH WERDE EUCH DIE JAHRE ZURÜCKERSTATTEN,
> WELCHE DIE HEUSCHRECKE, DER FRESSER,
> DER VERWÜSTER UND DER NAGER
> VERZEHRT HABEN.
>
> JOEL 2,25

Zunächst konnte ich mir das überhaupt nicht vorstellen: „alles neu" und „Jahre zurückerstatten" – wie sollte das gehen? Außerdem wäre es wirklich zu schön, um wahr zu sein, lag doch mein ganzes Leben so gut wie in Scherben da und die Allerjüngste war ich ja nun auch nicht mehr.

Aber nach und nach durfte ich wirklich erleben, wie Gott das gemeint hat. Ich habe es erfahren, wie er die Verheißungen, also seine Versprechen an mich, und seine Worte umsetzte, so dass sie in meinem Leben zur Realität geworden sind. Hier ein paar Beispiele, wie das aussieht ...

VOR MENSCHEN STEHEN UND ZU IHNEN SPRECHEN

Kurz nachdem ich Jesus mein Leben hingelegt hatte – inzwischen hatte ich einen Hauskreis gefunden –, betete mein Hauskreisleiter wieder einmal für mich. Danach schaute er mich an und sagte: „Diana, du wirst einmal vor vielen Menschen stehen und sprechen."

Mich amüsierte das, denn ich war noch sehr gefangen in meinen Minderwertigkeitsgefühlen: Wer wollte mir schon zuhören, wer würde mir ein Mikrofon in die Hand drücken und mir so etwas zutrauen? Diese Idee fand gar keinen Raum in mir. Nein, bloß nicht! Ich würde nur herumstottern, mich bodenlos blamieren und davonlaufen. Wie peinlich! Nein! Ich und vor Menschen sprechen? Unmöglich!

Auch erinnerte ich mich an meinen Lehrer in der Grundschule, der mir auf dem Spielplatz zurief, so laut und ausgelassen hätte er mich gerne im Unterricht – das habe ich ganz am Anfang erzählt. Schon damals hieß es eher: „Die braucht man nicht zu fragen, die kriegt den Mund sowieso nicht auf." Ich und vor Menschen sprechen? Unvorstellbar, unmöglich! So dachte ich damals.

Dennoch bewahrte ich diesen Satz in meinem Herzen – und irgendwann fiel mir auf: Fast in jeder Predigt, die ich anhörte, dachte ich nebenher darüber nach, wie ich das wohl sagen würde; oder ich versuchte, mich in den Redner hineinzuversetzen, und überlegte, wie ich das wohl tun und wie sich das anfühlen würde. Allerdings gab ich auf diese Gedanken nicht viel.

Jahre später, mittlerweile hatte ich so manchen Glaubensschritt gewagt, verspürte ich eines Tages einen Wunsch:

Ich wollte auch einmal auf der Bühne stehen und sprechen. Ich verriet es aber keinem, der Gedanke war immer noch beängstigend genug; ich legte diesen Wunsch im Gebet vor Gott hin und bat meinen Herrn, wenn das wirklich von ihm wäre, müsse er es mir deutlich zeigen.

Damals leitete ich einen Hauskreis und hatte große Freude daran; dennoch war es für mich eine große Herausforderung, so vielen unterschiedlichen Menschen als Leiterin zu begegnen. Heute weiß ich: Gott hatte mein Gebet erhört und bereitete mich vor auf das, was kommen sollte.

Ich kann nicht! – ?

Ich liebe es, wenn alles seine Ordnung hat, und ich will stets gut vorbereitet sein; deshalb dachte ich immer, das Improvisieren und Spontanität wäre gar nicht mein Ding.

Nun, Gott belehrte mich eines anderen, wenngleich für meine Begriffe nicht besonders, na sagen wir mal, sanft. Heute kann ich darüber lachen ...

Bei uns in der Stadthalle sollte mehrere Abende hintereinander die ProChrist-Evangelisation stattfinden, und mein Pastor fragte mich tatsächlich, ob ich nicht Lust hätte, mit ihm zusammen die Moderation zu übernehmen – also im Doppelpack aufzutreten!

Zur Vorbereitung, damit ich etwas Erfahrung sammeln könnte, nahm er mich mit hinein in den Leiterkreis für Gottesdienstleitung und Predigtdienst und einige Sonntage moderierte ich nun den Gottesdienst. Dabei stellte sich heraus, dass ich dafür offensichtlich eine echte Begabung hatte.

Jedenfalls machte es mir große Freude und aus der Gemeinde kam ein vielfältiges und rundum zustimmendes Echo.

Die ProChrist-Abende waren gekommen und die Halle füllte sich, es mochten um die sechshundert Leute gewesen sein. Wir hatten uns gut vorbereitet, jeden Abend waren zwei Bekanntheiten unserer Stadt eingeladen. Mit ihnen saßen wir beide dann auf der Bühne und führten Interviews, die Fragen hatten wir vorher abgesprochen.

An einem dieser Abende waren wir gerade, wie immer vor der Veranstaltung, auf der Bühne hinter dem Vorhang, um uns nochmals kurz auszutauschen und miteinander zu beten. Nun warteten wir darauf, dass die richtige Minute kam, um vor den Vorhang zu treten, dann wollten wir die Besucher begrüßen und den ersten Interviewpartner auf die Bühne bitten.

Noch eine halbe Minute ... Mein Pastor schaute mich von der Seite an und sagte: „Ach, Diana, ich habe ganz vergessen: Unser erster Interviewpartner kommt nicht, er hat kurzfristig abgesagt. Wir müssen irgendwie improvisieren."

Mir lief es heiß und kalt den Rücken hinunter und mein einziger Gedanke war: „Ich bringe dich um!" Für mehr blieb keine Zeit, wir mussten ja hinaus auf die Bühne, dort warteten sechshundert Besucher auf die Begrüßung.

Nun, was soll ich noch sagen? Es lief wie am Schnürchen, die Worte purzelten nur so aus meinem Mund und ich hatte große Freude dabei. Der Abend war ein voller Erfolg, niemand vermisste etwas, keiner merkte, dass es ganz anders geplant gewesen war!

So hat Gott mich „ins kalte Wasser geworfen" und mich gelehrt, dass deutlich mehr in mir steckt, als ich meine – wenn ich mich auf Gottes Wege einlasse und auf seine Möglichkeiten. Ja, wenn ich sie zulasse und auf ihn und seine Möglichkeiten schaue und nicht auf meine Begrenzungen, Befürchtungen und Ängste.

Seitdem habe ich schon viele kleine oder größere Veranstaltungen moderiert oder ich war als Sprecherin eingeladen zu Veranstaltungen wie Frauenfrühstück oder den Chaptern von „Christen im Beruf", wo ich mit großer Freude und Begeisterung Vorträge halten darf.

Sehr lebendig in Erinnerung geblieben ist mir eine Abendveranstaltung, bei der mehrere Leute ein paar Minuten Zeit hatten, auf der Bühne ihr Talent fürs Theaterspielen unter Beweis zu stellen. Meine Freundin hatte sehr kurzfristig gefragt, ob ich diesen Abend nicht moderieren könnte. Ich sagte zu, hatte aber so gut wie keine Zeit zur Vorbereitung; auch lernte ich die Darsteller erst kurz vorher kennen, so war mein Spickzettel fast leer.

Dennoch: Auch dieser Abend war ein voller Erfolg. Alle waren begeistert und ich wurde gefragt, ob ich das professionell mache – ein größeres Lob hätte ich mir nicht vorstellen können. Mir hatte der Abend riesig Spaß gemacht, er hätte ewig dauern können!

Immer wieder werde ich als Sprecherin eingeladen. Wenn ich dann auf der Bühne stehe, habe ich oft den Gedanken: Hier gehöre ich hin; das ist genau das, was mir Freude macht, mich erfüllt.

Und ich glaube, genau so ehre ich meinen Herrn: indem ich das tue, was er in mich hineingelegt hat, die Begabungen gebrauche, die er mir geschenkt hat.

Die musste er aber erst freilegen und zutage befördern – so lange waren sie verschüttet gewesen oder zumindest überschattet – und er ist immer noch dabei; oft staune ich darüber, was er ans Licht bringt und mir zeigt.

So darf ich erleben, dass Gott mir geraubte Jahre zurückerstattet. Ich darf leben – leben mit Freude und in großer Fülle! Alle Ehre dafür gebührt meinem wunderbaren Herrn.

WER KÖNNTE DAS DENN SEIN?

Alle drei Monate haben wir in der Gemeinde ein Treffen mit allen Leitern, die an der Gestaltung der Gottesdienste beteiligt sind; dann wird reflektiert und das nächste Vierteljahr geplant.

An einem dieser Leitertreffen, es ist schon viele Jahre her, warf einer unser Pastoren so in die Runde: „Was meint ihr, ist es nicht an der Zeit, dass bei uns auch einmal eine Frau predigen sollte?" Es folgte große Zustimmung und mir schlug das Herz bis zum Hals. Mir fiel mein Wunsch ein, einmal zu predigen, und mein daran anschließendes Gebet; aber ich sagte kein Wort.

Jemand wollte wissen: „Wer könnte das denn sein?", und ein anderer schaute mich an und meinte: „Ja, wer wohl? Diana natürlich!" Mir schlug das Herz bis zum Hals und ich wusste nicht, wo ich hinschauen sollte. Jetzt war es also soweit, au weia, so schnell ... Trotz Anspannung und ein wenig Furcht sagte ich zu.

Nun hatte ich zwölf Wochen, um meine erste Predigt auf die Beine zu stellen. Das Thema konnte ich selbst wählen und mir lag von Anfang an am Herzen, über das „Sorgenmachen" zu sprechen. Wie passend! Die Vorbereitung war nämlich schön angefüllt mit dem Sich-Sorgen-Machen: Hatte ich wirklich den richtigen Predigttext gewählt? Könnte ich die halbe Stunde füllen oder würde mir nach fünf Minuten der Mund wieder zugehen?

Also predigte ich vor allem mir selber, und ich habe mir sagen lassen, dass das genau die richtige Einstellung ist. Ich machte mir ein ausführliches schriftliches Konzept, korrigierte und ergänzte es zigmal, wollte alles gut und richtig machen. Je näher der Tag kam, umso nervöser wurde ich, Zweifel und Ängste machten sich breit: „Habe ich überhaupt etwas zu sagen?", „Was, wenn ich anfange zu stottern?", oder „Und wenn ich den Faden verliere?" – nur um eine kleine Auswahl zu bieten. Gut, dass Freunde und besonders der Gottesdienstleiter für besagten Sonntag mich immer wieder ermutigten!

Dann kam „der" Tag. Erstaunlicher- und dankenswerterweise hatte ich gut geschlafen, aber nach dem Aufwachen wurde ich zusehends nervös:

Das Frühstück ließ ich gleich ganz bleiben und ich war so aufgeregt, dass meine Hände patschnass wurden und zitterten. O weh, dachte ich, so schaffe ich es nicht einmal, „Liebe Gemeinde" zu sagen!

Diese erste Predigt war also eine echte Herausforderung. Die zwei Stufen bis ans Rednerpult kosteten mich alles!

Insgeheim hatte ich Ausreden gesucht, um doch auf meinem Platz sitzen bleiben zu können, aber als ich die beiden Stufen überwunden hatte und anfing zu sprechen, ging es mir besser, auch wenn die ersten Worte noch ziemlich holperig waren.

Die Gemeinde war aufmerksam und hörte interessiert zu, das zu sehen tat gut, und nach dem Gottesdienst bekam ich viel Zustimmung und Ermutigung.

Für mich hatte es sich gar nicht so gut angefühlt; zu sehr, so empfand ich, hatte ich an meinem Konzept geklebt und es war nicht wirklich wie beim Moderieren, dass ich mich gefühlt hätte wie in meinem Element, einfach frei.

Hinterher betete ich: „Also, wenn sich das jedes Mal so anfühlt, dann glaube ich nicht, dass das Predigen mein Ding ist." Ich bat Gott, wenn es sein Wille wäre, dass ich weiterhin predigen solle, müsse er mir beim nächsten Mal so richtig Freude und Freiheit geben – und Gott hat mein Gebet erhört:

Ab der nächsten Predigt war ich vorher zwar immer noch nervös und aufgeregt, aber sobald ich angefangen hatte zu sprechen, fühlte ich mich frei und voller Freude, eben „wie ein Fisch im Wasser" – und so ist es bis heute.

Dieser Dienst entwickelte sich zu einer echten Leidenschaft. Einmal fragte ich einen erfahrenen Prediger, ob diese Anspannung vorher und dieses Überwindenmüssen der zwei Stufen irgendwann aufhöre.

Seine Antwort war für mich zwar überraschend, aber sehr ermutigend: „Diana, sollte das irgendwann einmal aufhören, dann habe ich eine große Bitte an dich: Hör auf zu predigen!

Denn dann machst du dich nicht mehr abhängig vom Heiligen Geist, sondern vertraust auf deine eigene Kraft und dein Können."

Das habe ich mir sehr zu Herzen genommen. Meine Anspannung und Unsicherheit vorher ist bis zum heutigen Tag geblieben – die Schritte auf die Bühne, egal wo, kosten mich immer noch große Überwindung; habe ich allerdings angefangen zu sprechen, bin ich wie in meinem Element.

Eines weiß ich genau: Ohne meinen Herrn und Gott wäre ich diese Schritte nie gegangen! Er ist es, der meine Schritte lenkt, mir Kraft und Stärke verleiht und mir Weisheit und Einsicht schenkt, damit ich weiß, was ich sagen und weitergeben soll.

Hochzeit in Weiß

Seit nunmehr 21 Jahren bin ich mit Andreas verheiratet – wovon ich viele Jahre nur träumen konnte, ist wahr geworden.

In dem Kapitel „Der Stempel" berichte ich davon: Nie, auch nicht ansatzweise, hatte ich damit gerechnet, dass mich noch einmal jemanden heiraten würde, den Wunsch trug ich aber immer mit mir herum.

Nachdem der „Stempel" weg war und ich auch in diesem Lebensbereich wieder neue Hoffnung hatte, streckte ich meine Fühler aus und lernte tatsächlich einige Männer kennen; aber entweder waren sie nicht gläubig, was mir sehr wichtig war, oder es passte einfach nicht. Die Jahre gingen dahin und allmählich schwand auch meine Hoffnung.

Hatte ich Gott nicht gebeten: Sollte ich wirklich noch einmal heiraten, dann doch bitte vor meinem vierzigsten Geburtstag? Der war nun nicht mehr allzu weit entfernt.

In unserer Gemeinde gab es keinen, der infrage gekommen wäre, und auch sonst lernte ich niemanden kennen; irgendwann war ich so entmutigt, dass ich betete: „Na gut, Herr, wenn es dein Wille ist, dann bleibe ich Single und dann wirst du mir auch dazu Frieden und Freude geben."

Es ging mir nicht schlecht: Ich hatte gute Freunde und einen Beruf, der mir Freude machte, dazu kamen Aufgaben in der Gemeinde und meine Hobbys. Doch eine Sehnsucht blieb; besonders an freien Wochenenden oder abends wünschte ich mir, meine Gedanken mitteilen zu können, jemandem an meiner Seite. Ich las Bücher über Wiederheirat, besonders ermutigte mich das Buch von Derek und Ruth Prince „Gott stiftet Ehen" (GB Verlag, 1993). Auch Bücher über das Leben als Single ermutigten mich sehr, aber der Wunsch nach einem Ehepartner blieb.

Irgendwann schnappte ich einen Satz auf, vielleicht habe ich ihn auch irgendwo gelesen: Gott sei durchaus in der Lage, wenn es keinen passenden Mann gebe, einen Stein zu nehmen und daraus einen Mann zu machen. Na ja, bei der Erschaffung Adams hatte das jedenfalls funktioniert und selbst Johannes der Täufer hatte diese Möglichkeit in Betracht gezogen: „Denn ich sage euch: Gott vermag dem Abraham aus diesen Steinen Kinder zu erwecken!" (Matthäus 3,9).

Nun hatte ich wieder Frieden und konnte Gott vertrauen, dass mein Leben gut und ausgefüllt sein würde, egal, ob mit oder ohne Ehemann.

Eines Tages las ich wie gewohnt in meiner Bibel, da stach mir ein Vers ins Auge:

UND JESUS BEGANN UND SPRACH ZU IHM:
WAS WILLST DU, DASS ICH DIR TUN SOLL?

MARKUS 10,51

Erst begriff ich nicht, aber dann sprach Gott in mein Herz und fragte mich, wie ich mir denn „meinen" Mann vorstelle, wie er sein sollte und wie aussehen und so weiter – wie bei dem Blinden: Von dem hatte er doch auch genau gewusst, was der wollte, und doch fragte er ihn ausdrücklich. Gott kannte meine Vorstellungen genau, warum fragte er mich dann noch?

Allmählich verstand ich, dass Gott sich einen Austausch mit mir wünschte, dass ich ihn konkret bitten, mich genau ausdrücken sollte – aber das fiel mir damals enorm schwer. Ich hatte gelernt, mich zufriedenzugeben mit dem, was man mir gibt, und ja keine Ansprüche oder Bitten zu äußern, denn das hätte ja wieder Ablehnung oder Liebesentzug zur Folge haben können.

Ich wand mich, aber Gott ließ nicht locker. Unter Tränen und großer Anspannung – und das, obwohl ich allein war – drückte ich nun endlich meine Wünsche aus, so konkret, wie ich nur konnte.

Ich sagte, ich wünschte mir einen liebevollen, guten Mann, der ebenfalls meinem Herrn nachfolgt; er solle so gut verdienen, dass ich nicht wie seit Jahrzehnten jede Mark zweimal umdrehen müsse. Motorradfahrer solle er sein und er solle gerne tanzen und unterwegs sein.

Oh, jetzt habe ich es wahrscheinlich übertrieben, dachte ich erschrocken und zog schon mal den Kopf ein – aber nein, Gott hakte sogar noch nach und fragte mich nach dem Aussehen!

Weiterhin unter Tränen sagte ich ihm, ich würde mir jemanden wünschen, der etwas größer ist als ich, gut gebaut, aber kein Hungerhaken, die Haarfarbe wäre mir egal, nur bitte nicht rot. Ich weiß noch den Zusatz: Eigentlich stände ich ja auf dunkelhaarige, eher südländische Typen, aber von solchen Leuten hätte ich immer Enttäuschung erlebt.

Als ich das alles formuliert hatte, war ich emotional und auch körperlich so erledigt, als hätte ich Schwerstarbeit geleistet, aber im Herzen hatte ich Frieden und ein Gefühl tiefer Hingabe und Liebe zu meinem Herrn. Danach dachte ich nicht mehr groß an meinen „Wunschzettel", der Alltag ging weiter.

Einige Zeit später fuhren wir, einige Hauskreisleiter und unser Pastor, nach Zürich auf eine Konferenz für Zellenleiter; dort sollten wir für unsere Hauskreise neue Impulse bekommen und wir besuchten dort auch eine Zellgruppe, um zu lernen, wie diese Gruppen in jener Gemeinde gestaltet werden und wie die Abende ablaufen.

Kurz nachdem wir begonnen hatten, sagte die Zellgruppenleiterin, sie habe den Eindruck, an diesem Abend solle sie nicht einen normalen Hauskreisabend vorführen, sondern wir sollten beten für Leute, die sich einen Ehepartner wünschten. Das war nun wirklich eine Überraschung!

Alle stimmten zu, auch wir Gäste, und sie fragte, ob denn jemand da sei, der diesen Wunsch habe.

Ich sprang sofort auf und rief: „Ja, ich!" Ich war nicht die Einzige, insgesamt waren wir zu viert.

Als sie für mich beteten, teilte ein Mann mit, was er spürte, dass Gott durch ihn sagen wollte: „Gott hat einen Mann für dich und er wird ihn dir nach Hause schicken, an deine Tür." Ich nahm es zur Kenntnis, aber im Stillen lachte ich wie Sara, der mit neunzig ihr langersehntes Baby angekündigt wurde: Ja, klar, er klingelt bei mir und sagt „Hier bin ich".

Wir fuhren wieder nach Hause und alles ging seinen gewohnten Gang. In der Gemeinde boten wir regelmäßig Alpha-Kurse an, das ist eine Serie von acht Abenden plus einem Wochenende.

Hier kann man sich unverbindlich bei gutem Essen die Grundlagen des christlichen Glaubens zu Gemüte führen und daraufhin eine qualifizierte Entscheidung treffen. Nach Abschluss des Kurses kann man sich dann einem bestehenden Hauskreis anschließen, wenn man möchte.

Bei der Weihnachtsfeier kamen also zwei Leute auf mich zu, Andreas und noch jemand. Ich teilte ihnen mit, wann wir im neuen Jahr wieder starten würden, und gab ihnen meine Adresse; der Hauskreis fand bei mir statt.

Zum ersten Abend im neuen Jahr kamen alle wie erwartet – außer Andreas. Nun gut, so fingen wir eben ohne ihn an. Da klingelte es, ich öffnete und da stand er: Ob er hier richtig sei, er wolle zu Dianas Hauskreis.

Nein, mich traf nicht der Schlag, die prophetischen Worte aus Zürich fielen mir erst viel später wieder ein, da gingen wir bereits fest miteinander.

Aber sie waren tatsächlich so eingetroffen: Andreas stand an meiner Haustür. Gott selbst hatte ihn geschickt.

Auch wenn es noch ein halbes Jahr dauern sollte, bis wir zu einem Paar wurden, knisterte es schon ziemlich und wir unternahmen einige schöne Dinge: Andreas führte mich immer wieder mit dem Motorrad aus und ab und zu gingen wir tanzen. Gott hatte wirklich an alles gedacht, alle meine Wünsche erfüllt: Andreas war – ist – nämlich einen Kopf größer als ich und dunkelblond.

Gott fing nicht an, mir meiner erfahrungsbedingten Vorurteile wegen die Leviten zu verlesen, er hat mir einfach einen Dunkelblonden gegeben. Im Übrigen sahen wir uns hauptsächlich in der Gemeinde und im Hauskreis.

Dann flog Andreas in die USA zu einer einjährigen Weiterbildung, in dieser Zeit war ich für einige Wochen auf Missionseinsatz im Kosovo – und beide merkten wir, dass da doch mehr sein musste zwischen uns beiden.

Als ich vom Kosovo zurück war, kam Andreas für zwei Wochen nach Deutschland, um, wie er sagte, mich näher kennenzulernen.

Die Zeit im Kosovo war für mich herausfordernd und anstrengend gewesen, deshalb fuhr ich zur Erholung für ein paar Tage nach Südtirol.

Andreas kam mit dem Motorrad, um mich zu besuchen, im Gepäck drei rote Rosen, mittlerweile verwelkt, und das Büchlein „Der kleine Prinz" – auf die erste Seite hatte er geschrieben: „Für meine Prinzessin".

Für mich war das eine weitere Bestätigung meines Herrn, denn nur er hatte mich bis dahin so genannt (davon erzähle ich in dem Kapitel „Vaterwunde").

In Südtirol verbrachten wir ein paar wunderschöne Tage, dann flog Andreas wieder nach Washington.

Es folgte ein Jahr des Kennenlernens mit vielen Karten und Briefen und wir telefonierten jeden Tag – das war ein teures Vergnügen, aber uns war keine Mark zu schade: Einmal im Monat kam Andreas für ein Wochenende zu mir und ab und zu flog ich übers Wochenende nach Washington.

Es war eine sehr intensive, außergewöhnliche, spannende und – dank den Reisen – auch anstrengende Zeit.

Endlich brachte die Post den ersehnten Heiratsantrag und über Land und Meer planten wir unsere Hochzeit.

Natürlich wollte ich heiraten wie eine Prinzessin, im weißen Kleid und mit allem Drum und Dran. „Darfst du das denn, Diana?", fragte ich mich, „du bist doch geschieden und kannst nicht noch einmal in Weiß heiraten, das geht nur einmal!"

Aber Gott erinnerte mich an sein Wort: „Siehe, ich mache alles neu." Ich wusste: Mir war vergeben, ich war reingewaschen durch Jesu Blut. Ich durfte nach vorne schauen und Neues erleben.

So feierten wir eine wunderschöne Hochzeit mit allem, was dazu gehört, und ich trug ein weißes Brautkleid. Inzwischen war ich knapp 39 Jahre alt, heiratete also wie gewünscht vor meinem 40. Geburtstag. Auch das hat Gott mir erfüllt.

EHRENAMT

In der Bibel steht:

SEID ABER TÄTER DES WORTES UND NICHT BLOß HÖRER,

DIE SICH SELBST BETRÜGEN. ...

WER ABER HINEINSCHAUT

IN DAS VOLLKOMMENE GESETZ DER FREIHEIT

UND DARIN BLEIBT, DIESER MENSCH,

DER KEIN VERGESSLICHER HÖRER,

SONDERN EIN WIRKLICHER TÄTER IST,

ER WIRD GLÜCKSELIG SEIN IN SEINEM TUN.

JAKOBUS 1,22.25

MEINE KINDER,

LASST UNS NICHT MIT WORTEN LIEBEN NOCH MIT DER ZUNGE,

SONDERN IN TAT UND WAHRHEIT!

1. JOHANNES 3,18

Mittlerweile ist es fast dreißig Jahre her, dass ich mein Leben Jesus gegeben habe, und ich habe auf vielerlei Weise erleben dürfen, wie meine geheilten inneren Verletzungen und Enttäuschungen, meine Erfahrungen und die Schritte, die ich gegangen bin, anderen Menschen zur Ermutigung dienten, ihnen neue Hoffnung schenkten.

In vielen seelsorgerlichen Gesprächen und besonders auf Frauenfrühstückstreffen konnte ich von meinen Erfahrungen weitergeben und durfte erleben, wie Menschen dadurch angerührt und ermutigt wurden.

Ich wurde dabei auch selber gesegnet mit Freude daran und dem Wissen: Nichts in meinem Leben, so schmerzhaft es auch war, ist umsonst gewesen.

Ich empfinde es als großes Vorrecht, dass mein Herr und Gott meine Geschichte gebraucht, um anderen wohlzutun und sie zu segnen.

Das ist auch mein Anliegen mit diesem Buch; dadurch kann ich mehr Menschen erreichen und sie ermutigen, als es mir möglich wäre mit Vorträgen oder im persönlichen Gespräch. Vor einigen Jahren sagte Gott mir zu, er wolle mich segnen und ich würde sehr fruchtbar sein. Ich glaube, dass dieses Buch ein Teil der Erfüllung dieser Zusage ist.

Dafür bin ich sehr dankbar, auch wenn ich heute mitunter immer noch das große „Warum ich?" singe (hauptsächlich dann, wenn ich nicht auf meinen Herrn schaue und auf das, was er in mir und durch mich schon getan hat, sondern auf andere, scheinbar heile Familien und Einzelpersonen).

Im letzten Sommer sprach Gott zu mir und sagte mir, er habe etwas Neues für mich; er könne es mir aber nur geben, wenn meine Hände leer wären. Zum anderen sagte er, es sei an der Zeit, das, was ich vom Rednerpult aus weitergebe, zu den Menschen in meinem Umfeld zu bringen.

Ich verstand nicht gleich; aber dann erkannte ich, dass ich meine Dienste in der Gemeinde niederlegen und ihm vertrauen solle. Das war für mich ein echter Glaubensschritt. In jenen Tagen las ich scheinbar „zufällig" in der Zeitung (die schlage ich sonst so gut wie nie auf), in unserer Stadt würden ehrenamtliche Familienpaten gesucht.

Ich wusste sofort, dass ich mich melden sollte – was ich auch tat. Zur Vorbereitung absolvierte ich einen Sechs-Wochen-Kurs, und jetzt darf ich meist junge Familien oder alleinerziehende Mütter unterstützen und ihnen mit Rat und Tat zur Seite stehen.

Das ist nicht immer einfach, zumal man oft gar nicht sieht, ob die Hilfe etwas bewirkt oder zumindest ankommt, von Dankbarkeit meist ganz zu schweigen; aber auch hier möchte ich Gott vertrauen und ihm gehorsam sein, egal, ob ich etwas sehe oder nicht, in dem Wissen: Ich stelle mich ihm zur Verfügung und gehe, wohin er mich schickt; für das Resultat, die Frucht, bin ich nicht verantwortlich.

Psst!

Auf einer Morgenrunde mit meinem Hund hat Gott mir ans Herz gelegt, ein weiteres Buch zu schreiben; das war genau damals, als ich ihm meine Enttäuschung gab – die Enttäuschung, zum Schreiben dieses Buches nicht nach Südtirol gehen zu können (siehe Einleitung).

Ich dem neuen Buch geht es um unsere Träume und um die, die Gott für uns hat, ich berichte von Wüstenerfahrungen und der Erfüllung von Träumen und Verheißungen. Ich habe bereits mit dem Schreiben angefangen (inzwischen weiß ich ja, dass ich das auch zu Hause kann).

Gott ist am Werk und er hat für mein Leben sicher noch einige Kapitel vorbereitet. Es ist und bleibt spannend und ich bin so neugierig, wie mein Weg wohl weitergehen wird. Wenn du Fragen hast, antworte ich gern. Schreib mir an *pd@domann.de*.

DA SAGTE SEIN HERR ZU IHM: RECHT SO, DU GUTER UND TREUER
KNECHT! DU BIST ÜBER WENIGEM TREU GEWESEN,
ICH WILL DICH ÜBER VIELES SETZEN;
GEH EIN ZUR FREUDE DEINES HERRN!
MATTHÄUS 25,21

Das möchte ich auch irgendwann hören und bis dahin möchte ich so leben, dass mein Herr Freude an mir hat. Ihm allein gebührt alle Ehre und alles Lob.

SCHLUSSWORT

Dieses Buch endet hier, aber meine Lebensgeschichte geht noch weiter. Gott ist noch nicht fertig mit mir. Immer wieder zeigt er mir Punkte, die „Baustellen", die er mit mir noch angehen möchte.

KÖNIGSKIND WERDEN

Angefangen hat dieser neue Weg mit einem einfachen Gebet; wenn du magst, kann das auch für dich jetzt der Beginn eines neuen Lebens sein, eines Lebens als bedingungslos geliebtes Kind, als Königskind des himmlischen Vaters:

> ALL DENEN ABER, DIE IHN AUFNAHMEN
> UND AN SEINEN NAMEN GLAUBTEN,
> GAB ER DAS RECHT, GOTTES KINDER ZU WERDEN.
> JOHANNES 1,12

Dieses Recht, Kind Gottes zu sein, schließt Gottes wunderbare Versorgung in allen Lebensbereichen mit ein, seine Hilfe und Unterstützung, seinen Schutz und seine Heilung und noch vieles mehr, zu entdecken in seinem Wort.

Lieber Herr Jesus!
Ich glaube, dass du am Kreuz für mich gestorben bist und dass du mich durch dein Blut erkauft hast.

Ich komme jetzt ans Kreuz und lege dort mein altes sündiges Leben ab.

Mache aus mir eine neue Schöpfung.

Stärke (erneuere) meinen Glauben und komm in mein Herz.

Vergib mir alle meine Schuld und hilf mir, denen zu vergeben, die an mir schuldig geworden sind und mich verletzt haben.

Gib mir bitte deinen guten Heiligen Geist, der mich in die ganze Wahrheit führt!

Amen.

Am Anfang meines Glaubenslebens habe ich dieses Gebet gleich zweimal gesprochen.

Das erste Mal tat ich es ganz allein. Ich war mit meinen Kindern im Freibad, lag auf dem Bauch und hatte eine Zeitschrift vor der Nase. Die hatte ich „zufällig" in einem Wartezimmer gefunden, es war eine christliche Frauenzeitschrift – die „Lydia" –, und auf der Rückseite stand dieses Gebet.

Kurze Zeit darauf führte Gott es so, dass ich Jugendliche aus der Gemeinde auf dem Marktplatz singen hörte – wie es weiterging, habe ich bereits erzählt; hier nur die Kurzfassung: Am folgenden Tag habe ich vor Zeugen mein Leben Jesus gegeben; und das habe ich nicht als Geheimnis für mich behalten, sondern es weitererzählt.

Das rate ich auch dir: Suche dir Menschen, die deinen neuen Glauben mit dir teilen, und eine Gemeinde, in der du wie in einer Familie aufgenommen wirst und regelmäßig Gottes Wort hörst.

Falls du keine Bibel zu Hause hast, besorg dir eine und – was ich auch sehr hilfreich finde – ein Büchlein, in das du alles hineinschreiben kannst, was dich ermutigt, was dir zugesprochen wurde oder was jemand für dich gebetet hat (oder du selber).

Mir hilft das gerade an Tagen, an denen es mir nicht so gut geht und Hoffnungslosigkeit sich breitmachen will oder alte Zweifel ihr Haupt erheben.

Dann nehme ich mein Büchlein und „lese rückwärts"; dabei sehe ich, was Gott in meinem Leben schon getan hat und was für wunderbare Verheißungen ich schon bekommen habe.

Dann kommt wieder Freude und Frieden in mein Herz und ich bin voller Hoffnung und Zuversicht, dass Gott alles, was er mir zugesagt hat, auch tut.

Er sagt in seinem Wort:

SIEHE, ICH MACHE ALLES NEU!

OFFENBARUNG 21,5

Damit möchte er heute anfangen – wenn du es ihm erlaubst. Sei mutig, du hast nichts zu verlieren! Ganz im Gegenteil.

Ich durfte wirklich erleben, dass er, mein Herr und mein Gott, alles neu macht: Heute führe ich ein völlig neues und gesegnetes Leben.

Seit über zwanzig Jahren bin ich verheiratet mit einem Mann, der bedingungslos zu mir steht. In meiner Gemeinde darf ich dienen und Verantwortung übernehmen; ich bin geschätzt und werde geachtet.

Mein himmlischer Vater hat meine Würde, ja, mein Leben wiederhergestellt und, für mich das Wichtigste: Ich habe einen Vater, der mich liebt, der mich sieht und für den ich wichtig und wertvoll bin.

Alle Ehre dafür gebührt ihm.

DIESES BUCH GEHÖRT MEINEM VATER IM HIMMEL

Als ich mit diesem Buch fertig war, ging ich wie jeden Morgen mit meinem Hund durch den Wald, wo ich gerne bete und singe und höre, was mein himmlischer Vater mir sagt.

Ich habe ihm gedankt für die Zeit des Schreibens und für alle Kraft, Zeit, Freude und Gedanken. Dann habe ich dieses Buch im Gebet ihm auf seinen Altar gelegt mit der Bitte, er möge es gebrauchen zu seiner Ehre und zur Ermutigung für viele. Möge dadurch und damit sein Wille geschehen!

Beim Weitergehen hatte ich das Empfinden, dass mein himmlischer Vater mich anschaut mit einem Blick voller Liebe und Erbarmen – und dann in einer fast zärtlichen Geste mit seiner Hand über dieses Buch streicht und mich anlächelt. Dazu hörte ich ihn sagen, wie er sich über mich freue und dass er stolz sei auf mich, seine Tochter, seine Prinzessin.

Dann nahm er dieses Buch in die Hand und sagte mir, er würde es vergolden, denn es berge meine Lebensgeschichte und den Abdruck seiner Hand.

Ich war gerührt, mir liefen die Tränen; gleichzeitig konnte ich immer und immer wieder nur „DANKE, VATI!" sagen.

DER HERR, DEIN STARKER GOTT, DER RETTER, IST BEI DIR.

BEGEISTERT FREUT ER SICH AN DIR.

VOR LIEBE IST ER SPRACHLOS ERGRIFFEN

UND JAUCHZT DOCH MIT LAUTEN JUBELRUFEN ÜBER DICH.

ZEFANJA 3,17 NLB

Danke, danke, Vati – für alles!

ANMERKUNG

[1] Pfarrerin Bärbel Wilde, 31.01.2018 / Wort zum Tag, ERF Plus.
Trotz intensiver Recherche war es mir nicht möglich, den Inhaber der Rechte an diesem Text zu ermitteln. Sollte ich irgendjemandes Rechte verletzt haben, bitte ich ihn, das zu entschuldigen und zu mir Kontakt aufzunehmen.
Die Autorin

WEITERES AUS DEM ELPIDA VERLAG

Zerbrochene Schale in neuem Glanz
ISBN 978-3-9822341-0-6

Jahrelang sind Ekkehard und Kirstin Kreuzritter mit ihren vier Kindern als Missionare für Gott unterwegs.

Weihnachten 2010 bleibt das Leben von Kirstin stehen: Mit nur 43 Jahren ist sie plötzlich Witwe und Alleinerziehende von vier Teenagern, ihr Mann hat sich das Leben genommen. Sie fühlt sich wie eine zerbrochene Schale.

Kann man so einen Schock überwinden?

Ja, heute ist die „Zerbrochene Schale" wieder heil – Kirstin versprüht Lebensfreude, ist voller Elan und möchte andere Menschen ermutigen. Wie hat sie das geschafft?

Das verrät sie in diesem Buch …

Regenbogenkind – Elias, schwach und doch so stark
ISBN 978-3-9822341-1-3

Wenn der Himmel die Erde berührt …

Wenn nach einem Regenguss, vielleicht sogar mit Hagel und Sturm, die Sonne durchbricht und allmählich, wie aus dem Nichts ein wunderschöner Regenbogen entsteht, denke ich an Elias. Elias wurde aufgrund seiner schweren Krebserkrankung nur zweieinhalb Jahre alt, und doch hat sein Leben das unsere verändert. Seine wenigen Worte haben so viel gesagt und seine Liebe war pures Glück.

Mein Tagebuch berichtet von seinem kurzen Leben mit uns – von Regen, Sturm und Hagel, aber auch von warmem Wind und Sonnenschein bis hin zu dem Erkennen, dass die Zeit mit Elias ein Bild ergibt: Schmerz verwandelt sich in Freude, aus Verzweiflung wird Hoffnung. Und es erzählt von der Liebe Gottes, die uns durch diese schwere Zeit getragen hat, von Gottes Wundern, der Kraft seines Wortes – und von dem Frieden, den der Verstand nicht erklären kann.

Katharina Rudolph

Auf Hoffnung gefangen – Für die Ewigkeit befreit
ISBN 978-3-9822341-2-0

Das ermutigende Zeugnis von Damaris Pippig:
behütet aufgewachsen – jung geheiratet – betrogen – geschieden – alleinerziehend – ein sterbenskrankes Kind – von Männern bedrängt – auf erfolgloser Suche nach dem Richtigen ...

Mit aller Kraft versucht sie, aus der Krise herauszukommen, aber es geht weder vorwärts noch rückwärts – die Wege sind wie versperrt, und sie fühlt sich wie in einem Gefängnis aus unsichtbaren Mauern.

Schließlich wagt sie ein Experiment – und begegnet einem liebenden himmlischen Vater, der ihr bisheriges Denken vollkommen auf den Kopf stellt. Und plötzlich öffnen sich die Türen des Segens: Sie erlebt Wiederherstellung, doppelte Erstattung und eine ganz neue Freiheit ...

zu beziehen im ELPIDA Verlag: www.elpida-verlag.de
info@elpida-verlag.de / 03744 - 30 97 46 1